Lingua[gem] 79

Mikhail Bakhtin

Alastair Renfrew

TRADUÇÃO: Marcos Marcionilo

parábola

Título original: *Mikhail Bakhtin*
© 2015 Alastair Renfrew
1ª edição: 2015 pela Routledge
2 Park Square, Milton Park, Abingdon, Oxon OX14 4RN
E pela Routledge
711 Third Avenue, New York, NY 10017
Routledge is an imprint of the Taylor & Francis Group, an informa business
ISBN 978-0-415-31969-0

Tradução autorizada da edição em língua inglesa publicada pela Routledge, membro do Taylor & Francis Group.

Direção: Andréia Custódio
Capa e diagramação: Telma Custódio
Revisão: Parábola Editorial

CIP-BRASIL. CATALOGAÇÃO NA FONTE
SINDICATO NACIONAL DOS EDITORES DE LIVROS, RJ

R328m

Renfrew, Alastair
Mikhail Bakhtin / Alastair Renfrew ; tradução Marcos Marcionilo. - 1. ed. - São Paulo : Parábola, 2017.
224 p. ; 23 cm. (Lingua[gem] ; 79)

Tradução de: Mikhail Bakhtin
Inclui bibliografia e índice
ISBN 978-85-7934-138-0

1. Bakhtin, M. M. (Mikhail Mikhailovitch), 1895-1975 - Crítica e interpretação. 2. Análise do discurso literário. I. Marcionilo, Marcos. II. Título. III. Série.

17-45295 CDD: 801.95092
CDU: 82:09

Direitos reservados à
PARÁBOLA EDITORIAL
Rua Dr. Mário Vicente, 394 - Ipiranga
04270-000 São Paulo, SP
pabx: [11] 5061-9262 | 5061-8075 | fax: [11] 2589-9263
home page: www.parabolaeditorial.com.br
e-mail: parabola@parabolaeditorial.com.br

ISBN: 978-85-7934-138-0

SUMÁRIO

AGRADECIMENTOS

Este livro, como todos os outros, é produto do diálogo. Por isso, quero dar crédito e agradecer a todos aqueles que escreveram sobre Bakhtin, da mais breve palavra ao estudo mais compreensivo, desde os que provocaram imediato reconhecimento aos que produziram violento desacordo; todos contribuíram para a "conversação" que, a despeito de eventuais indicações em contrário, está longe de acabar. Há ainda um grande número de colegas e amigos que têm pouco interesse em Bakhtin, mas que, de muitas e variadas formas, me ajudaram a escrever este livro. O reduzidíssimo número de pessoas que colaboraram ativamente com sua escrita tem toda a minha simpatia.

Meus agradecimentos especiais vão para John, grande Moira, pequeníssima Moira, Anna, Ellie, Alex e Kim. Por fim, calorosos agradecimentos vão para o editor da coleção Routledge Critical Thinkers, Robert Eaglestone, que ajudou a poupar os leitores de muita dor desnecessária, e para Polly Dodson, Ruth Hilsdon e Liz Levine, da Routledge. Todos eles deram provas de que a paciência é uma virtude — e a virtude é sempre o próprio e maior prêmio de si mesma.

ABREVIATURAS

Nota do Editor: Para preservar a coerência da argumentação do Autor, todas as citações de textos e obras de Bakhtin foram traduzidas das edições em inglês por ele utilizadas. Substituí-las passo a passo, trecho a trecho, termo a termo, pelas edições brasileiras traria prejuízo à compreensão do raciocínio do Autor (especialmente porque ele mesmo declara: "Em alguns casos, as traduções foram levemente modificadas" [p. 19]. As edições brasileiras, com destaque para as mais recentes, feitas diretamente dos originais russos, estão referidas adiante no ponto 1 das "Leituras indicadas", p. 215.

AH ["Autor e herói"]	"Author and Hero in Aesthetic Activity", in *Art and Answerability*, pp. 5-256.

BSHR ["O *Bildungsroman* e sua significação"]	"The *Bildungsroman* and its Significance in the History of Realism (Toward a Historical Typology of the Novel)", in *Speech Genres and Other Late Essays*, pp. 10-59.
DVDA ["*Discurso na vida e discurso na arte*"]	"Discourse in Life and Discourse in Poetry", *Bakhtin School Papers*, org.: Ann Shukman (trad.: J. Richmond) (Russian Poetics in Translation, vol. 10) (Oxford: RTP Publications, 1983), pp. 5-30.
DR ["O discurso no romance"]	"Discourse in the Novel", in *The Dialogic Imagination*, pp. 259-422.
ER ["Épica e romance"]	"Epic and Novel", in *The Dialogic Imagination*, pp. 3-41.
F [*Freudismo*]	Voloshinov, *Freudianism*.
MF [*O método formal...*]	Medvedev/Bakhtin, *The Formal Method in Literary Scholarship: A Critical Introduction to Sociological Poetics*.
FTC ["Formas de tempo e de cronotopo..."]	"Forms of Time and of the Chronotope in the Novel: Notes toward a Historical Poetics", in *The Dialogic Imagination*, pp. 84-258.
MFL [*Marxismo e filosofia da linguagem*]	Voloshinov, *Marxism and the Philosophy of Language*.
N70 ["Notas 1970-1971"]	"Notes Made in 1970-71", in *Speech Genres and Other Late Essays*, pp. 132-158.
PCMF ["O problema do conteúdo, do material e da forma"]	"The Problem of Content, Material and Form in Verbal Art", in *Art and Answerability*, pp. 257-325.
PPD [*Problemas da poética de Dostoiévski*]	*Problems of Dostoievsky's Poetics*.
PDR ["Da Pré-História do Discurso Romanesco"]	"From the Prehistory of Novelistic Discourse", in *The Dialogic Imagination*, pp. 41-83.
PGD ["O problema dos gêneros do discurso"]	"The Problem of Speech Genres", in *Speech Genres and Other Late Essays*, pp. 60-102.
PT ["O problema do texto..."]	"The Problem of the Text in Linguistics, Philology, and the Human Sciences: An Experiment in Philosophical Analysis', in *Speech Genres and Other Late Essays*, pp. 103-131.
RQ ["Resposta a uma questão..."]	"Response to a Question from the Editorial Staff of *Novyi mir*", in *Speech Genres and Other Late Essays*, pp. 1-9.
RM [*Rabelais e seu mundo*]	*Rabelais and His World*.
OECH ["Observações sobre a epistemologia das ciências humanas"]	"Toward a Methodology for the Human Sciences", in *Speech Genres and Other Late Essays*, pp. 159-177.
PFA [*Para uma filosofia do ato responsável]*	*Toward a Philosophy of the Act*.

1

POR QUE BAKHTIN?

Mikhail Mikhaiovich Bakhtin (1895-1975) foi, sem dúvida, o pensador mais impressionantemente produtivo nas ciências humanas a emergir da Rússia soviética e um dos mais significativos teóricos da literatura no século XX. Este livro demonstrará que as ideias de Bakhtin seguem sendo cruciais para os estudos literários, mas também que sua abordagem da literatura realmente se mantém surpreendentemente produtiva em todo o espectro das ciências humanas contemporâneas. Bakhtin é um pensador que não apenas torna a conceber a relação entre a literatura e outras disciplinas, como também aquele que é capaz de, em última instância, demonstrar a base comum e vital de todas as disciplinas da área de humanas — de todas as disciplinas que têm a *escrita* como seu núcleo conceitual e metodológico. Na medida em que tanto o contexto soviético quanto o próprio século XX recuam na história, ele se torna um dos mais importantes pensadores para as ciências humanas no século XXI.

Bakhtin é, de fato, um pensador *exemplar* para as ciências humanas contemporâneas por várias razões: porque seu amplo embasamento filosófico e seu foco profundamente ético não conflitam, antes engrandecem sua concepção literária; porque seu investimento em ideias de coletividade não contradiz seu compromisso constante com a consciência individual e porque suas ideias mais bem conhecidas — o dialógico, a heteroglossia, o cronotopo, o carnaval — emergem de um engajamento de uma vida inteira com a forma do romance, mas encontram força e justificação renovadas para além do domínio puramente literário.

As raízes da força de atração de Bakhtin repousam, em certa medida, no fato de que, apesar de ele se ter tornado conhecido no Ocidente durante um período de forte crescimento do interesse pela teoria literária e cultural nos anos 1970, 1980 e 1990, seu pensamento não compartilha a tendência central de paradigmas teóricos chave como o estruturalismo, o marxismo, a psicanálise e a desconstrução. Estes paradigmas, contudo, por conta de todos os muitos e profundos modos em que divergem e até se contradizem, estão conectados por uma característica comum: são, todos eles, amplamente *hermenêuticos*, isto é, todos eles supõem a existência de *outro* "texto" abaixo da superfície ou nos interstícios do texto ou discurso sob interpretação. O sentido de todo enunciado foi cada vez mais encarado como jazendo num lugar abaixo ou além da intenção de superfície de seu enunciador ou autor — a ponto de a presença real de um autor de uma obra literária ou de um "sujeito" de discurso ser questionada. Já para Bakhtin, porém, a presença e a autoconstituição do sujeito falante (por vezes, é claro, um autor) jaz no núcleo de todo processo de entendimento humano; esse é o âmago inalienável de seu pensamento. Portanto, ele oferece um modo de compreender a relação complexa entre texto e mundo com base na *presença* do(s) sujeito(s) humano(s) sem entrar em complô com teorias cruas, unidimensionais de intencionalidade. Bakhtin nunca parte de uma posição humanística de base; em vez disso, ele teoriza (reteoriza) as condições de possibilidade do humanismo "pós-teoria" teorizando os vários modos de ser e de expressão — literária e não literária — do sujeito vivo falante. O sentido para Bakhtin está irredutivelmente presente no texto, sem ser simplistamente redutível a ele, àquilo que os filósofos chamariam de "imanente". Afinal de contas, para isso é que existem os textos (e o discurso).

IMANÊNCIA

Tomada de empréstimo à teologia por intermédio da filosofia, *imanência* descreve o modo pelo qual as propriedades de determinado conceito ou fenômeno — como, fundacionalmente, Deus — são consideradas inerentes ao conceito ou fenômeno propriamente dito. Nos estudos literários, a ideia de imanência abre para questões sobre os limites do texto: os textos são independentes, autônomos e completos em seus próprios termos? O sentido do texto comparece nas palavras da página, precisa ser lido em seu contexto histórico e social, ou no contexto da vida do autor? Essas são posições mutuamente exclusivas? Uma das constantes básicas da obra de Bakhtin é um desejo de romper com a aparente oposição entre teorias da imanência do texto literário (abordagens formalistas) e teorias de sua determinação pelo ambiente externo (abordagens contextuais, sociológicas, históricas); ou, para usar um termo que será recorrente em sua obra, concentrar-se naquilo que ocorre nas *fronteiras* entre tais teorias. As ideias nucleares de Bakhtin sobre a natureza dialógica da fala e da escrita sugerem que o sentido está de certo modo imanente na enunciação da obra

> literária, ao mesmo tempo em que está intensamente conectado ao ambiente no qual é produzido. Em última instância, seu pensamento busca apagar qualquer distinção confortável entre o que é intrínseco e o que é extrínseco à obra literária ou, sem dúvida, a toda enunciação.

Outro aspecto da força de atração de Bakhtin é que ele aborda consistentemente questões da construção do sujeito humano, do sentido e da ética não pelas lentes formais da filosofia ou da linguística, mas mediante as lentes interminavelmente difusas da literatura. Seu pensamento retoma sem cessar a questão do que está em jogo na conexão entre a literatura e o mundo para além dela, sempre concedendo primazia ao *texto*, que nunca é reduzido, nas mãos de Bakhtin, ao *status* de mero reflexo de outra coisa. O "tipo" de literatura pelo qual Bakhtin se interessa primariamente está no romance, ou pelo menos nos modos segundo os quais os romances (ou alguns deles) manifestam sua ideia de "romancização", algo que se transforma, em diferentes pontos, num quase sinônimo de sua categoria-chave do dialógico. Portanto, ler Bakhtin pode fornecer, nos níveis mais básicos, um espectro de intuições únicas e poderosas sobre o romance, como também pode, como sugerimos, ajudar-nos a expandir essas intuições em direções que excedem o escopo do romance ou até da literatura propriamente dita, contextualizando-a contra o pano de fundo do que Bakhtin chamará de o "universal" do dialógico. A natureza das fronteiras "entre" literatura e mundo, ou mais propriamente, o modo como esses e outros fenômenos se mesclam ou desconstroem inteiramente as fronteiras é o que torna ler Bakhtin uma tarefa que gera, quase sempre, recompensas inesperadas.

O fenômeno que encampa e une os vários elementos da obra de Bakhtin, até mesmo mais que a literatura, é a linguagem. Seja no contexto da vida cotidiana, na boca de pessoas reais ou nas páginas de obras literárias, na boca dos não menos reais "autores e heróis" bakthinianos, a linguagem encarna e abre acesso às várias fases da experiência humana. Bakhtin e seus colaboradores, em busca de uma compreensão mais profunda da plenitude dessa experiência, apresentarão sua própria teoria da linguagem, construída em torno da "enunciação" como emblema da "língua viva", como oposta às regras e às convenções da língua como sistema abstrato. A língua bem pode ser matéria da vida tal como vivida e, ao mesmo tempo, o ponto autoevidente de embarque para o estudo literário, mas também é o denominador comum das ciências humanas — ela é a via expressa da interdisciplinaridade. A convocação de Bakhtin para os campos afins da sociolinguística, da antropologia, da teoria social e, obviamente, da filosofia, domínio do qual ele inicialmente provém, é um testemunho do fato de que o que é importante para e em Bakhtin — a construção e transmissão do sentido e a relação do eu com o outro — é central para o projeto das ciências humanas em geral. As obras mais conhecidas do período médio de Bakhtin, tais como seu livro sobre Dostoiévski e "O discurso no romance", dependem todas elas, de algum modo, da elaboração de uma teoria da linguagem — uma "translinguística", como a chamaremos no capítulo 5. Seus "ensaios" posteriores, por vezes fragmentários, dos anos 1960 e 1970 explicitam mais claramente a relação entre a teoria da linguagem e uma ideia central, vinculante das ciências humanas. As questões aqui suscitadas — acerca do *status* do texto, da relação da experiência vivida com sua inscrição teórica ou literária — são as questões que ressoam por todo o amplo palco das ciências humanas contemporâneas, manifestas de diferentes maneiras em cada uma de suas disciplinas componentes —, mas em modos que podem ser traçados e relacionados através de Bakhtin.

Este livro, porém, começará voltando à mais antiga obra de Bakhtin, escrita, mas mantida inédita, nos anos 1920, a fim de explorar o modelo de relações eu-outro ali desenvolvido e que fundamenta suas ideias posteriores sobre a significação da linguagem e as categorias mais familiares de dialogismo, heteroglossia, cronotopo e carnaval. Depois, trataremos do que pode ser considerado um ponto de virada fundamental na vida e obra de Bakhtin, o alinhamento de sua obra com a de seus amigos e colaboradores,

Valentin Voloshinov e Pavel Medvedev e, especialmente, a importância do primeiro em relação ao que veio a ser conhecido como a "virada linguística" em filosofia e, mais amplamente, nas ciências humanas. A partir dessa dupla base, dedicaremos capítulos específicos ao dialogismo, à heteroglossia, ao cronotopo e ao carnaval, traçando, em cada caso, as maneiras como essas ideias evoluem em um processo de mútua definição com o "núcleo" da concepção bakhtiniana inicial. Essa trajetória será completada por um capítulo sobre gênero, que junta fios de todas as fases da obra de Bakhtin e reconecta algumas das questões que já teremos abordado, questões das "fronteiras" entre literatura e vida. O livro será então concluído com uma breve avaliação não tanto da influência de Bakhtin, mas de sua contínua *utilização*, tanto por leitores interessados primariamente em literatura quanto no contexto das ciências humanas em geral.

O livro pode ser lido de três maneiras: primeiro, alguns leitores podem simplesmente lê-lo continuamente do primeiro ao último capítulo, defrontando os principais conceitos bakhtinianos no contexto do pensamento de Bakhtin como um todo e no processo de sua evolução; outros leitores podem querer começar pelo capítulo do dialogismo, percorrer os conceitos maduros de heteroglossia, cronotopo e carnaval e depois retomar os capítulos iniciais, pensando em explorar as raízes das quais eles emergiram; por fim, os capítulos podem ser lidos separadamente como abordagens individuais de conceitos específicos, com o leitor aceitando ou recusando convites a se conectar com outras áreas do pensamento de Bakhtin, de acordo com sua inclinação.

O próprio Bakhtin prefaciou um de seus trabalhos iniciais, "O problema do conteúdo, do material e da forma na arte verbal", com uma declaração da liberdade do livro em relação "ao lastro supérfluo da citação e da referência, [...] desnecessário para o leitor competente e sem a menor valia para o leitor incompetente" (PCMF, 257). Mesmo sendo impossível no presente contexto replicar a atitude claramente arrogante de Bakhtin, aqui a citação e a referência estão fortemente ancoradas nos escritos do próprio Bakhtin (e nos exemplos literários relevantes) e foi mantida num patamar mínimo no que se refira a outras fontes teóricas e críticas. São citadas as edições indicadas nas "Abreviaturas" do início do livro, com detalhes completos dados nas "Leituras indicadas" ao final; em alguns casos, as traduções foram levemente modificadas.

No decorrer do livro, como esperamos que já esteja suficientemente claro, retomaremos constantemente a significação fundamentalmente literária da obra de Bakhtin, no sentido de que suas ideias não podem viver separadas das categorias literárias, e, ao mesmo tempo, retomaremos sua portabilidade similarmente marcada, no sentido de que suas ideias exigem ser entendidas — e exercer efeitos profundos — em contextos que não são convencionalmente considerados como "literários". Se este livro tem uma hipótese central própria seria a de que o Bakhtin que fornece recursos poderosos para o estudo da literatura é inteiramente consistente com o Bakhtin que se ergue no centro das ciências humanas variamente concebidas. Tanto no conteúdo quanto na prática de seu pensamento, Bakhtin funde as fronteiras entre as disciplinas sob uma luz inteiramente diferente — uma luz que só se torna plenamente visível depois de Bakhtin.

Antes, porém, de acordo com a insistência de Bakhtin na presença e no significado do sujeito falante, vivente, com seu destemor diante do reducionismo "biográfico", vamos encarar a não menos essencial questão de "quem" foi Bakhtin.

2

QUEM FOI BAKHTIN?

Bakhtin viveu a maior parte de sua vida em quase completa obscuridade, antes de desfrutar um tardio e inesperado período de celebridade acadêmica na União Soviética nos anos 1960 e princípios dos anos 1970. Ele publicou apenas uma obra significativa, sobre o grande romancista russo do século XIX, Fiodor Dostoiévski (1821-1881), perto do tempo em que o livro foi escrito; a maior parte de sua obra só veio a lume depois de sua morte, com a grande exceção de outro livro, sobre o autor renascentista François Rabelais (c. 1494-1553), publicado em 1965, quase trinta anos depois de ter sido iniciado. No momento de sua morte, em 1975, Bakhtin era conhecido fora da União Soviética (e além de um pequeno círculo de eslavistas ocidentais) apenas como o autor de um livro sobre Rabelais, cuja ideia central — o carnaval — alcançara um público entusiasmado quando da publicação da tradução inglesa em 1968. Os pormenores de sua biografia e de sua carreira, especialmente alguns aspectos de sua vida pregressa e de seu tempo de exílio na década de 1930, tinham adquirido um quê de mistério que, na medida em que seu nome foi se tornando reconhecido no Ocidente, só se intensificava. Seu nome e sua importância vinham consistentemente cercados por certa aura quase mítica, que, embora ajudasse a lançá-lo para um público mais vasto de leitores, particularmente nas décadas de 1980 e de 1990, tendia a obscurecer a natureza e o valor de seu pensamento. Por isso é tão importante, antes de enfrentar a questão de por que o pensamento de Bakhtin continua sendo válido para nós e de elucidar suas ideias-chave, tratar antes de como "Bakhtin" foi transmitido e examinar com um grau de precaução maior que o de costume os modos segundo os quais o cânon de sua obra e as percepções cambiantes de sua *persona* foram construídos.

Há muito boas razões pelas quais a obra e a personalidade de Bakhtin permaneceram envoltas em dúvida, até em mistério: as circunstâncias políticas e culturais do final dos anos 1910 e dos anos 1920 na Rússia e na União Soviética, que problematizaram e, em muitos casos, chegaram a destruir as trajetórias de incontáveis acadêmicos, críticos e escritores; a era stalinista que se seguiu, na qual tendências culturais ou individuais que não pudessem ou mesmo não aceitassem barganhar com a ideologia estatal eram excluídas ou aniquiladas, empurrando a cultura intelectual russa para uma espécie de era do gelo; consequentemente, o processo fragmentário de publicação da obra de Bakhtin na Rússia, onde nenhuma grande obra crítica ou teórica foi publicada sob seu nome entre 1929 e 1963; o fato de vários textos publicados sob os nomes de amigos e colaboradores de Bakhtin, Valentin Voloshinov (1895-1936) e Pavel Medvedev (1892-1938) terem sido depois classificados como obra do próprio Bakhtin; e, por fim, o processo claramente fraturado de tradução de sua obra para o inglês e que se tornou ainda mais problemático pelo fato de ter sido acompanhado da publicação intermitente de "novos" materiais na Rússia.

Há ainda várias razões menos óbvias — mas, no entanto, incontestavelmente significativas — pelas quais Bakhtin alcançou esse senso de mistério. Coerentemente com um dos estereótipos permanentes da Rússia Soviética, ele foi mandado para o exílio em 1930 — não, como a sentença inicial decretava, para um campo de trabalho forçado, onde o frágil Bakhtin certamente teria perecido, mas para uma colocação de escriturário em Kostanai no remoto Cazaquistão. A sentença foi comutada por conta da saúde débil de Bakhtin e das intervenções de duas figuras extremamente influentes na cena cultural: o livro de Bakhtin sobre Dostoiévski recebera crítica favorável do antigo Comissário Popular para a Educação, Anatolii Lunacharskii (1875-1933), e o escritor mais politicamente influente do período, Maxim Górki (1868-1936), interveio pessoalmente em favor de Bakhtin. A saúde de Bakhtin, de fato, viria a desempenhar um papel duplamente importante em sua mitologização: a osteomielite, que realmente salvou sua vida em 1930, mais tarde resultaria na amputação de sua perna esquerda na altura do joelho, deixando o erudito amputado com o mais dramático símbolo corporal de sua vitimização — e de sua oportunidade de sobreviver.

O próprio Bakhtin não era contrário à construção de um mito. Ele é uma fonte decididamente inconfiável para sua própria biografia e, ao que parece, tomou emprestadas partes da biografia de seu irmão Nikolai na intenção de reforçar uma educação formal de nível superior extremamente minguada — e possivelmente inexistente: Bakhtin pode jamais ter frequentado uma universidade, como dizia ter feito, e certamente nunca se formou. Mais tarde na vida, ele chegava a supor uma hipotética descendência de aristocratas, cuidado não compartilhado pelo emigrado Nikolai. Bakhtin fazia questão de ressaltar a posição paterna de nobre falido em oposição ao bancário burguês que seu pai de fato fora. Nenhuma versão das origens de Bakhtin era especialmente promissora nos pontos mais conscientes da classe social na história soviética. A derrapada mitológica é típica.

Bakhtin também é uma testemunha contraditória no que diz respeito à autoria do *Freudismo* (1927) e de *Marxismo e filosofia da linguagem* (1929) de Voloshinov, e de *O método formal nos estudos literários* (1928), de Medvedev, algumas vezes sugerindo, no mínimo, sua própria participação, outras, defendendo firmemente a autoria de seus amigos. Não poucas vezes, ele exibe um menosprezo negligente pelas convenções acadêmicas, condizente com alguém que viveu toda uma vida fora, ou à margem, do sistema acadêmico: seções inteiras de *Rabelais e seu mundo*, por exemplo, parecem ter sido integralmente extraídas do filósofo alemão Ernst Cassirer (1874-1945). E o testemunho informal dos contemporâneos — quase sempre replicando a autocaracterização de Bakhtin — enfatiza consistentemente sua não ortodoxia, misticismo, ou até seu fatalismo. Nada disso é tão dramático quanto o alegado destino de seu livro sobre o romance de formação, ou *Bildungsroman*: os originais devem realmente ter perecido na editora sob bombardeio alemão, mas será que o Bakhtin fumante inveterado, faminto por cigarros de papel durante a invasão nazista, realmente não enrolou e fumou a única cópia subsistente?

O fator-chave na catalisação de todas essas circunstâncias em um mito consumado decorre tanto da "segunda vida" de Bakhtin, de sua redescoberta e transmissão ao Ocidente, quanto de sua primeira vida de relativa obscuridade na União Soviética. O processo fragmentário da recepção de Bakhtin no Ocidente se fez acompanhar — ou, talvez mais precisamente, tenha sido *causado* — pelo surgimento daquilo que foi descrito como a "indústria" de Bakhtin, que veio a conhecer seu próprio "boom" em finais dos anos 1980 e princípio dos anos 1990. Os céticos se surpreenderam com o fato de que, embora outros teóricos — com a relativa exceção do filósofo franco-argelino e fundador da desconstrução, Jacques Derrida

(1930-2004), e do filósofo francês e historiador da cultura, Michel Foucault (1926-1984) e, possivelmente, de alguns outros pensadores como o teórico literário e cultural alemão, Walter Benjamim (1892-1940) — tenham tido exposição relativamente pequena fora dos limites de sua própria disciplina, toda uma "indústria" pôde crescer em torno da figura de Bakhtin. Examinaremos, na obra de Bakhtin, os elementos substantivos que contribuíram para esse incremento de sua popularidade no momento adequado, mas, por ora, é importante nos concentrar na razão-chave circunstancial, que é, uma vez mais, relativamente simples. Justamente *por causa* das interrupções e da desordem cronológica de sua publicação e tradução, Bakhtin emergiu no Ocidente como uma espécie de "efeito retardado" justamente no ponto em que as várias ondas que tinham impulsionado a teoria literária na França e no mundo anglofalante — principalmente, o marxismo, o estruturalismo e a desconstrução — estavam começando a ser percebidas nos termos de suas limitações, e não em seu potencial produtivo. Antes de nos voltar para sua "segunda" vida no Ocidente, contudo, precisamos primeiro examinar detalhadamente a história da vida "real" de Bakhtin na Rússia e na União Soviética.

PETROGRADO, NEVEL, VITEBSK

O mesmo Bakhtin que defenderia os gêneros "inferiores" do discurso cotidiano e o poder democratizante do romance e que, ao menos em uma de suas encarnações ocidentais, seria associado a uma concepção amplamente marxista de literatura e cultura, saudou o triunfo do bolchevismo na Rússia num estilo perfeitamente contraditório. Poucas semanas depois de seu 22º aniversário e desdenhando convenientemente as sujas realidades políticas das ruas, Bakhtin afirma ter passado os dias entre as revoluções de fevereiro e de outubro de 1917 aninhado num quarto de leitura em Petrogrado, pelo menos "até que o calor da hora amainasse". Isso está em perfeito acordo com a experiência do jovem Bakhtin nos anos revolucionários tanto em termos de sua atitude para com a práxis política quanto de sua insinuação do recorrente tema das dificuldades materiais.

AS REVOLUÇÕES DE 1917

A abdicação do czar Nicolau II em fevereiro de 1917, que ocorreu no pico dos eventos rotulados de "Revolução de Fevereiro" e que ocorreram contra o pano de fundo da Primeira Guerra Mundial em curso, lançou o Império Russo em um período de caótica inquietação política. Uma sequência de governos provisórios não apenas falhou em estabelecer a estabilidade político-econômica, como também reconfirmou o engajamento da Rússia na guerra, em face de um golpe militar falido em agosto, precipitado talvez pelo mais desorientador e abrangente acontecimento da história europeia moderna. O Partido Bolchevique marxista e antiguerra, liderado por Vladimir Ilyich Lênin (1870-1924), a despeito da ausência de qualquer base política consistente fora dos maiores centros, conseguiu manobrar e tomar convulsivamente o poder naquela que foi chamada a "Revolução de Outubro" (embora, pelo calendário ocidental, ela tenha acontecido realmente em novembro). A revolução em curso precipitou um período de guerra civil, ou revolucionária, que acarretou incríveis dificuldades. A situação político-econômica começou a se normalizar depois da vitória bolchevique sobre a guerra civil, com a implantação da "Nova política econômica" de Lênin em 1921 e os preparativos para um novo Estado, a União das Repúblicas Socialistas Soviéticas (URSS), inaugurada em dezembro de 1922. O início e a metade da década de 1920, embora marcados pelo entrincheiramento do mando unipartidário, foi também um período de relativo pluralismo cultural, que produziu feitos significativos em literatura, cinema, pintura e artes plásticas e, talvez não menos, no desenvolvimento da teoria literária.

Em parte porque lá havia comida, em contraste com uma Petrogrado faminta, em parte também porque ele não desejava estar especialmente em nenhum lugar próximo à agitação política, Bakhtin se mudou em 1918 para Nevel (na atual Bielorrússia), onde assumiu um posto de professor de ensino médio. O caminho de Bakhtin para Nevel foi provavelmente aberto por Lev Pumpianskii (1891-1937), um dos mais talentosos críticos literários do período soviético inicial, cuja reputação ainda está por ser plenamente reconstruída. Juntar-se-iam a Bakhtin e a Pumpianskii em Nevel Matvei Kagan (1889-1937), que estudara filosofia em Marburgo e em Berlim sob a orientação de Hermann Cohen (1842-1918) e Paul Natorp (1854-1924), seguidores e reintérpretes de Immanuel Kant (1724-1804) e que seriam frequentemente referidos, portanto, como "neokantianos". Bakhtin, Pumpianskii e Kagan participaram por certo tempo de um seminário sobre Kant, que configurou o núcleo inicial de um "Círculo de Bakhtin", embora o termo viesse a ser posteriormente associado mais a Voloshinov e Medvedev. Embora a ética neokantiana fosse o eixo da primeira obra publicada de Bakhtin — o ensaio extremamente breve "Arte e responsabilidade" (1919) —, foi o cristianismo outra vertente significativa de seu pensamento inicial que tornou sua relação com as autoridades bolcheviques que estavam transformando a sociedade russa — incluindo o sistema educacional no qual Bakhtin trabalhava — menos que confortável.

Bakhtin mudou-se em 1920 para Vitebsk para assumir um posto como professor de literatura europeia. Ali, ele se viu cercado por um ambiente cultural completamente distinto, que incluía os pintores modernistas Marc Chagall (1887-1985) e Kazimir Malevich (1879-1935), assim como Pumpianskii, Voloshinov — que Bakhtin já conhecia de Nevel — e um novo rosto, Pavel Medvedev; o "Círculo", esperando que sua descrição seja precisa, ainda não estava completo. Não obstante sua contínua luta contra a doença e com o aparentemente intratável problema de garantir para si um posto acadêmico permanente, Bakhtin começa a emergir nos anos de Vitebsk como um pensador de estatura considerável: ele continuou trabalhando no que viria posteriormente a se transformar em *Para uma filosofia do ato responsável*, iniciado em Nevel; e, mais importante, ele dá início ao processo de transição da consideração de questões puramente éticas para o engajamento com a estética (embora a ética, de uma forma ou de outra, permanecesse central em sua obra durante toda a sua vida). O primeiro produto significativo dessa transição só sobreviveu de forma incompleta em "O autor e o herói na atividade estética", a mais remota declaração compreensiva do modelo bakhtiniano das relações eu-outro; é quase certo, contudo, que Bakhtin nesse tempo também estivesse escrevendo o primeiro rascunho de seu livro sobre Dostoiévski, que viria a ser publicado em versão inteiramente revisada apenas em 1929, quando seu pensamento — assim como suas circunstâncias — sofrera uma mudança significativa.

LENINGRADO E OS TEXTOS DISPUTADOS

Em 1924, Bakhtin voltou à cidade (agora batizada de Leningrado depois da morte de Lênin em janeiro daquele mesmo ano) que fora forçado a deixar seis anos antes. Bakhtin viveu uma vida esquisita e difícil na nova Leningrado, nunca conseguindo ganhar, com seu trabalho acadêmico, nem metade do necessário para uma vida digna. A existência sacrificada daí decorrente, baseada em bicos com aulas, tutoria, escrita e edição, era um dos fatores — para os outros, há só especulações — que podem tê-lo envolvido em uma série de rolos editoriais com amigos e colegas do "Círculo", inclusive com Voloshinov e Medvedev.

A primeira obra que Bakhtin tentou publicar com seu próprio nome durante esse período é mais uma prova de sua firme passagem da ética para a estética. Uma mistura de análise precisa e de polêmica mordaz contra o formalismo que vinha dominando rapidamente a crítica literária russa, "O problema do conteúdo, do material e da forma na arte verbal" — diferentemente de tantos outros textos bakhtinianos "perdidos" ou "recuperados" — fora encomendado por uma das poucas revistas então em funcionamento sem a intervenção da censura, a *Russkii sovremennik* [O *contemporâneo russo*], editada pelo mesmo Maxim Górki que posteriormente viria a intervir em favor de Bakhtin e ajudar a garantir sua libertação do exílio. A revista foi fechada antes de o ensaio de Bakhtin vir a ser publicado.

Aqui, uma das linhas do mistério começa: logo depois do fechamento da *Russkii sovremennik*, Medvedev, que parece ter sido consideravelmente mais "experiente" e prático do que Bakhtin, publicou uma crítica ao formalismo de certo modo similar, "Salierismo acadêmico: sobre o método formal (morfológico)", na revista *Zvezda* [*A Estrela*]; nasceu, então, a questão dos "textos disputados". Medvedev viria a publicar outro artigo na *Zvezda* no ano seguinte sobre a abordagem sociológica da literatura e, em 1928, o livro *O método formal nos estudos literários*, que os comentadores russos tenderam a considerar como sendo substancialmente obra de Bakhtin.

É mais difícil ver a ligação entre a exclusão institucional de Bakhtin e as decorrentes dificuldades de publicação e duas linhas de trabalho publicadas sob o nome de Voloshinov. A primeira, uma crítica acerba ao fundador da psicanálise, Sigmund Freud (1856-1939), apresentada em um artigo de 1926 à revista *Zvezda* e o livro *Freudismo* (1927). A segunda foi construída em torno de uma crítica à linguística saussuriana que viria, mesmo assim, a configurar uma força significativa no surgimento da teoria literária, especialmente no Ocidente. A resposta de Voloshinov a Saussure está contida em uma série de artigos e no livro precocemente brilhante, *Marxismo e filosofia da linguagem* (1929), cujo título, é forçoso dizer, é desmentido em grande parte de seu conteúdo. Digamos outra vez, essas obras foram frequentemente atribuídas a Bakhtin, apesar do fato de não ter emergido prova documental segura disso em quase noventa anos desde sua publicação; a evidência em apoio da autoria de Bakhtin é, na verdade, consistentemente anedótica e foi memoravelmente desmentida como "reminiscências acerca de reminiscências".

Vale a pena reconhecer, contudo, que aqueles que defendem ser Bakhtin o autor das grandes obras publicadas sob os nomes de

Voloshinov e de Medvedev foram encorajados a terem essa convicção, mesmo que indiretamente, por um precedente confirmado: outro amigo, Ivan Kanaev (1893-1984), admitiu (depois da morte de Bakhtin e de todos os membros do "Círculo") que Bakhtin de fato escrevera o artigo "Vitalismo contemporâneo", publicado sob o nome de Kanaev em 1926 e que ele simplesmente tomara emprestadas à biblioteca as referências bibliográficas necessárias em nome de Bakhtin. Seja qual for a verdade atinente aos textos disputados, há considerável ironia no fato de, no único caso em que a autoria de Bakhtin foi indubitavelmente estabelecida, o tema não ser nem ética, nem estética, nem Freud, nem Saussure — trata-se de biologia (mesmo que admitidamente em relação com seu contexto filosófico).

DOSTOIÉVSKI, PRISÃO, EXÍLIO

1928 e 1929 foram anos fatais história da sociedade soviética, marcando o fim da luta pelo poder que elevou Joseph Stálin (1878-1953) à posição de autoridade incontestável, prenunciando o raiar do autoritarismo. Esses anos se demonstrariam quase fatais para Bakhtin. Mesmo no contexto de uma vida tão diversa quanto a dele, 1929, ano no qual ele finalmente veria no prelo uma obra sua de destaque — *Problemas da arte de Dostoiévski* —, se revelaria o mais dramático de todos. Embora Bakhtin tivesse quase certamente concluído o esboço do livro antes ou logo depois de ter deixado Vitebsk, a versão vinda a lume está transformada: a primeira parte do livro, pelo prisma das obras literário-linguísticas de Voloshinov de finais dos anos 1920 — tanto fazendo se Bakhtin as escreveu ou se simplesmente desempenhou um papel "dialógico" em sua composição — e a segunda parte, ainda em maior extensão, pelo encontro de Bakhtin com os formalistas, que tiveram mais influência sobre Bakhtin do que se reconhece. Em *Problemas da arte de Dostoiévski*, tudo aquilo sobre que Bakhtin vinha pensando e escrevendo por mais de dez anos começa a se cristalizar em uma teoria que o nome "dialogismo" justifica. Essa “virada para a linguagem”, forçada ou não, persiste não apenas em sua obra ao longo dos anos de obscuridade que se seguem, como também viria a ser o elemento-chave de sua atração sobre o Ocidente muitas décadas depois.

Antes de essa primeira grande obra completa vir a lume, um desenvolvimento que, sob outras circunstâncias, teria ajudado a situar Bakhtin em uma nova trajetória, mais próxima da esfera acadêmica, sua vida tomou um caminho completamente diferente. Nas primeiras horas do dia 24 de dezembro de 1928, ele foi preso sob suspeita de envolvimento com o grupo religioso *Ressurreição*, posteriormente descrito pelas autoridades como uma “organização contrarrevolucionária secreta da *intelligentsia* de direita”, cuja meta última era a “derrubada do poder soviético”. Como se encontrava internado para se recuperar de uma cirurgia na perna por conta do agravamento de sua osteomielite, Bakhtin foi condenado a cinco anos de exílio, mais provavelmente no campo de Solovetsky no extremo norte do país; para alguém nas condições dele, isso era realmente uma sentença de morte. Rogos de sua mulher, Elena, do próprio Bakhtin, bem como de Górki e do igualmente respeitado escritor Aleksei Tolstói (1883-1945) convenceram as autoridades a permitirem uma perícia médica, cujo resultado não apenas confirmou a osteomielite crônica de Bakhtin, como também revelou ter sido ele outrora vítima de tuberculose e meningite. Em mais um dos aparentemente inexplicáveis paradoxos tão típicos dos anos 1920 soviéticos, o livro sobre Dostoiévski continuou liberado para vendas — e foi resenhado por uma grande figura de destaque, Lunacharskii — mesmo com o autor em prisão domiciliar. Como já mencionado, a condenação foi ao final comutada pelo exílio no Cazaquistão, onde Bakhtin poderia ter a companhia de Elena e garantido o acesso a cuidados médicos. Como seu herói Dostoiévski, que na juventude fora submetido aos preparativos de uma simulação de execução por conta de acusações políticas dúbias, Bakhtin teve a garantia de uma suspensão.

A ERA STÁLIN

Joseph Stálin emergiu da luta pelo poder que se seguiu à morte de Lênin e embarcou em um processo de centralização radical do governo e da economia que, juntamente com a gradual retirada para dentro de si mesma, implicou a renúncia à "Revolução Mundial" em favor do "Socialismo de um só país" que viria a definir o Estado soviético durante a maior parte de sua existência. O processo de centralização e de extensão da influência do Estado sobre praticamente todas as esferas da vida pública teve início em 1927-1928 com a coletivização forçada da agricultura e a centralização radical da indústria pelos Planos Quinquenais. Essa "revolução industrial" carecia de uma reorganização paralela da vida sociocultural que foi chamada de "revolução cultural" e legitimou o controle estatal sobre todas as áreas da vida cultural soviética — inclusive edição, rádio e televisão, educação, literatura e artes — levando o relativo pluralismo cultural de meados dos anos 1920 a uma parada abrupta. Os imperativos do controle estatal da vida sociocultural, bem como a preservação da própria autoridade de Stálin, levou por fim a uma série de expurgos, que alcançaram seu quase inimaginável ápice entre 1936 e 1938, quando, sob a direção de Nikolai Ezhov (1895-1940), pelo menos 700.000 cidadãos soviéticos foram executados (e muitos mais foram encarcerados ou exilados, parte dos quais morreram no cativeiro nos anos subsequentes). Apesar do intervalo da Segunda Guerra Mundial — chamada na Rússia de "A Grande Guerra Patriótica" — na qual cerca de 27 milhões de cidadãos soviéticos pereceram resistindo a Hitler, a autoridade autocrática de Stálin foi restabelecida no período pós-Guerra e a cultura intelectual soviética seguiu num "profundo congelamento" virtual, até logo antes de sua morte em 1953. Então se seguiu um período de liberalização cultural e intelectual distinto, mesmo se limitado, sob Nikita Khrushchov (1894-1971), que ascendeu ao poder à custa da denúncia do culto à personalidade de Stálin e cujo período de mando é chamado de "o Degelo".

Essa "segunda chance" tomaria imediatamente as feições de um encantamento. Bakhtin pode ter tido a má sorte de estar em províncias interioranas no momento em que a coletivização forçada e acelerada da agricultura promovida por Stálin trouxe fome para milhões, mas seu *status* de exilado político lhe deu acesso ao mesmo suprimento de alimentos dos oficiais locais do Partido Comunista. E, mais importante que isso, o Cazaquistão viria a se revelar uma localização mais segura para se estar de fora pelo menos dos estágios iniciais da ascensão arrepiante da repressão stalinista contra um crescente círculo de classes profissionais e intelectuais. E, espantosamente, aquela que pode ser a obra mais importante de Bakhtin, "O discurso no romance", foi escrita, com pouca consciência da possibilidade de publicação, enquanto ele trabalhava por dia nos escritórios de uma cooperativa regional de distribuição de alimento. "O discurso no romance" não apenas desenvolve muito do que seria a idéia central do livro sobre Dostoiévski, ele o faz sobre a base ampla do surgimento do romance europeu, investido de propriedades e potencialidades anteriormente reservadas para o caso "excepcional" — ou exemplar — de Dostoiévski; não se trata apenas da obra mais permanentemente produtiva de Bakhtin para os estudos literários, suporte dos conceitos de heteroglossia e de hibridização (aos quais voltaremos no capítulo 7), trata-se também da mais acessível afirmação do conceito subjacente de dialogismo. Qualquer que tenha sido o estado de espírito de Bakhtin durante esse período aparentemente desesperançado, ele entregou uma versão do manuscrito a Kagan em 1936, talvez na esperança de achar editor; o manuscrito finalmente encontrou editor, mas somente em 1975, ano da morte de Bakhtin.

OUTRA FORMA DE EXÍLIO

A luta de Bakhtin por uma posição acadêmica levou-o, ao final de seu exílio, não para Leningrado ou Moscou e seus arredores, mas para a interiorana Saransk, 563 quilômetros a oriente. No outono de 1936, em parte por indicação de Medvedev, ele foi indicado como professor associado de literatura universal no Instituto Pedagógico da Mordóvia. Mesmo em se tratando de uma faculdade provinciana de formação de professores, ela estava, institucionalmente, se não geograficamente, muito perto do conforto. Mas Bakhtin estava para completar um trimestre em seu novo posto quando, no início de 1937, o ano em que os expurgos stalinistas alcançarão seu pico histérico, o decano da faculdade que recomendara sua indicação foi exonerado de seu posto por "razões ideológicas". A demissão de Bakhtin foi decretada em junho do mesmo ano porque ele permitira laivos de "objetivismo burguês" em seu ensino, uma acusação que, no clima então prevalecente, poderia ser o bastante para conduzi-lo à morte. Contudo, mais uma vez, os acontecimentos tomaram outra direção. Antes de o decreto ordenando a demissão de Bakhtin surtir efeito, o diretor do Instituto, que o assinara, foi ele mesmo "exposto" como "inimigo do povo" e exonerado; Bakhtin prontamente apelou a seu sucessor para que lhe permitisse sair "por iniciativa pessoal" devido à persistência de sua osteomielite. Seu apelo, mais uma vez, foi aceito.

Bakhtin foi então para Moscou, recorrendo à ajuda de Kagan, e passou o restante de 1937 viajando entre a capital, Leningrado e o Cazaquistão, sempre na esperança vã de alcançar algum tipo de trabalho estável. O restante dos anos 1930 e os anos da Guerra foram gastos com o ensino em escolas secundárias nos arredores de Moscou. Aqui, outra vez, mesmo em face da amputação e da extrema proximidade com o *front* aberto em meados de 1941 pela invasão de Hitler, de algum jeito, Bakhtin conseguiu manobrar para preservar aquilo que apenas imperfeitamente poderia ser chamado de sua "produção": ele escreveu, sem publicar, os materiais que posteriormente viriam a ser "Formas de tempo e de cronotopo no romance", "Da pré-história ao discurso romanesco" e "Epos e romance" (que viriam a lume somente em 1975); a tese sobre Rabelais que se transformaria em *Rabelais e seu mundo* (publicado em 1966); vários textos curtos que não seriam publicados antes de 1996 e a obra sobre o *Bildungsroman* que — talvez — tenha virado cinza duas vezes, deixando apenas um fragmento emergir em 1979. Mesmo assim, a labuta de Bakhtin era suave quando comparada à de seus co-pensadores, Voloshinov e Medvedev. Voloshinov morreu em Leningrado em 1936, vítima de tuberculose. Medvedev, que com seu "maior conhecimento do mundo e senso prático" desempenhou papel de destaque na vida intelectual pública mais que qualquer outro membro do "Círculo de Bakhtin", tornou-se seu sacrifício simbólico quando foi executado a tiros em 1938.

Quando Bakhtin regressou a Saransk depois da guerra para assumir aquele que foi essencialmente seu primeiro posto acadêmico mais longo e seguro, faltavam poucos meses para seu aniversário de 50 anos. Mesmo então, o plano do instituto de nomeá-lo chefe de departamento naufragou diante do fato de que, embora sua tese tivesse sido apresentada para defesa em 1940, o mais alto grau exigido para ele ser designado para aquela posição nunca lhe foi atribuído. Bakhtin, por fim, defendeu sua tese na "tenra" idade dos 50 anos, apenas para ser submetido a uma humilhação final. Na maratona de uma defesa conduzida em uma atmosfera de humor negro, no decorrer da qual um Bakhtin esgotado chegou até a afirmar que revisara algumas de suas ideias "à luz do ensino de Lênin" — e pode ou não ter acenado com suas muletas para seus carrascos gritando "obscurantistas!" em suas caras —, foi-lhe ao final negado o grau de *Doktor* e atribuído, em vez disso, o grau inferior de *Kandidat*.

Essa não seria a última vez em que a cultura oficial exerceria sua influência sobre o ex-exilado a caminho da terceira idade. Na medida em que a União Soviética começou a emergir de sua era do gelo intelectual sob a influência de vários livros publicados sob o nome do próprio Stálin, os efeitos desse clima de mudança sobre Bakhtin e a sociedade em geral eram extremamente imprevisíveis. Em princípios dos anos 1950, por exemplo, Bakhtin foi oficialmente admoestado pelo fato de seu departamento não ter sido "reconstruído" à luz das intervenções de Stálin no campo da linguística e à luz de sua "genial obra", a saber, *Problemas econômicos do socialismo na URSS*. As intervenções linguísticas, possivelmente as mais difíceis de associar à pessoa de Stálin, contudo, tiveram sobre Bakhtin um efeito mais produtivo, por mais paradoxal que pareça. "A propósito do marxismo em linguística" (1950), de Stálin, desencadeou uma onda de debates renovados sobre questões amplas de linguística e o *status* do texto literário ausentes por vinte anos, durante os quais as frequentemente absurdas — e nada marxistas — teorias linguísticas de Nikolai Marr (1865-1934) foram de certa maneira entronizadas como a "ortodoxia" marxista. Nesse ambiente, Bakhtin, como muitos outros, foi não apenas obrigado a se familiarizar com a nova linha "stalinista" (Bakhtin parafraseia Stálin em notas feitas nessa época, e seus editores russos detectaram sua presença, mas recusaram muitas delas), mas, ao fazer isso, ele também aproveitou a oportunidade para retomar uma linha de pensamento e exposição obstruída ao final dos anos 1920. O termo "gêneros de discurso", que apareceu por primeiro no livro de Voloshinov em 1929, regressa para se vingar e jaz no âmago da obra de Bakhtin de início e meados dos anos 1950, mais claramente em "O problema dos gêneros de discurso", publicado em russo em 1979. O ensaio fundamental "O problema do texto em linguística, filologia e outras ciências humanas" também foi produzido no encerramento desse período, nas proximidades, na verdade, da época de seu afastamento formal do ensino universitário em 1961. Isso, porém, marcou não o fim da história de Bakhtin, mas apenas seu ponto de virada para uma nova fase, completamente inesperada.

REDESCOBERTA E REABILITAÇÃO

As circunstâncias em torno da redescoberta de Bakhtin e a republicação de seu livro sobre Dostoiévski são — talvez não surpreendentemente — motivo de certo debate; elas também constituem o primeiro exemplo de como os mitos bakhtinianos, originados das vaguezas e incertezas de sua biografia até essa altura, são posteriormente problematizados por uma intervenção externa à

Rússia. A versão original do livro sobre Dostoiévski, *Problemas da arte de Dostoiévski*, certamente catalisava um grupo de jovens pesquisadores, no ambiente do "Degelo" cultural iniciado pelo novo líder soviético, Nikita Khrushchov, a quererem procurar seu autor — claro, se ele ainda estivesse vivo. O processo de revisão do livro parece, contudo, ter sido iniciado não por patriotas russos da geração mais jovem que tentava reparar os erros do passado stalinista, mas por um acadêmico italiano (e à época comunista), Vittorio Strada (*1929), que queria usar a obra de Bakhtin como introdução a uma edição italiana de Dostoiévski. A verdade — tão frequentemente vítima nos anos stalinistas — não se sairia bem na luta pelo legado de Bakhtin na Rússia e se sairia ainda pior no processo de sua transmissão ao Ocidente. Uma edição revista do livro sobre Dostoiévski foi devidamente publicada na Rússia em 1963 como *Problemas da poética de Dostoiévski*, seguida por uma versão mais extensamente revista da tese sobre Rabelais em 1965 e pela "reabilitação" formal de Bakhtin em 1967. Ficou claro que *Ressurreição* jamais existira realmente como uma "organização" concreta; Bakhtin, pelo menos, diferentemente de muitos outros presos por conta de acusações semelhantes, teve o consolo de "passar por tudo isso" e se de ver formalmente absolvido.

Mas qual papel poderia Bakhtin — ou, no mínimo, sua obra — desempenhar nos debates teóricos da época para os quais fora reabilitado? Com base na segunda parte do livro sobre Dostoiévski, na qual ele utilizou, criticou e desenvolveu a linguagem dos formalistas, e com base nas aparentes prefigurações do estruturalismo presentes em seu *Rabelais e seu mundo*, Bakhtin foi imediatamente "reivindicado" pelos herdeiros e representantes dessas tendências. Na Rússia, ele foi efetivamente declarado como o precursor da Escola Moscou-Tartu de semiótica, uma reivindicação fortalecida pela discussão segundo a qual Bakhtin era, de fato, o autor "real" da obra de Voloshinov sobre linguística nos anos 1920. No Ocidente, onde o formalismo russo inicial fora "escavado" como uma das importantes bases do estruturalismo e onde, além disso, *Rabelais e seu mundo* fora traduzido para o inglês (1968) e para o francês (1970), Bakhtin viu-se associado ao estruturalismo "de feições humanas". Pior ainda, desde o ponto de vista daqueles que, na Rússia, buscaram salvar Bakhtin da ruína intelectual do comunismo soviético, a associação da autoria de Bakhtin com as obras de Voloshinov e de Medvedev fariam dele uma figura extremamente atrativa para uma tendência crítica ainda menos "aceitável" que o estruturalismo — o marxismo ocidental. O marxismo, sob qualquer de suas formas, era mais ou menos um anátema para gerações de acadêmicos que foram forçados a alimentar sua encarnação soviética. Essas associações podem ter parecido pouco menos que grotescas para aqueles que editariam coleções de obras-chave de Bakhtin para edições russas em 1975 e 1979, mas eles, no entanto, estabeleceram o tom da odisseia posterior de Bakhtin no Ocidente.

Enquanto o ambiente teórico-crítico ocidental era exposto a um vislumbre atormentadoramente parcial da obra de Bakhtin, dominado pelo carnaval, um retrato mais amplo de sua importância teórica estava sendo preparado na edição russa de 1975 de sua obra intitulada *Questões de literatura e estética*. Contudo, antes de o livro ser publicado, um Bakhtin cada vez mais frágil, cuja saúde se deteriorara notavelmente após a morte de Elena em finais de 1971, faleceu em março de 1975, aos 79 anos. Como o crítico formalista e escritor Viktor Shklovsky (1893-1984), Bakhtin era uma dessas figuras literárias e culturais relativamente raras nascidas em finais do século XIX por ter vivido tempo suficiente na União Soviética para testemunhar a ascensão, reificação e (quase) ultrapassamento do centralizado modelo soviético de cultura em sua forma "mais pura".

Os textos publicados em *Questões de literatura e estética* configurariam posteriormente o núcleo de *The Dialogic Imagination* [*A imaginação dialógica*], a coletânea que aceleraria o interesse por Bakhtin no Ocidente em um verdadeiro "boom". Obra até então desconhecida, foi seguida pela coletânea russa de 1979 intitulada *The Aesthetics of Verbal Art* [*A estética da arte verbal*], que trazia "O problema dos gêneros de discurso" e, em um desenvolvimento que prolongaria o "boom" ao desafiar todas as percepções estáveis ou recebidas da obra de Bakhtin, o ensaio filosófico dos primeiros tempos, "O autor e o herói na atividade estética". Ele se fez seguir, em 1986, por *Para uma filosofia do ato responsável*. Essas obras revelaram um Bakhtin mais integralmente "filosófico" do que aqueles que participaram de sua redescoberta em finais dos anos 1950 poderiam imaginar — e eles iniciaram uma revisão da forma do pensamento bakhtiniano como um todo, bem como das percepções de seus pontos de continuidade e de descontinuidade com várias vertentes da teoria literária e cultural ocidental. Em contrapartida, a história dessas continuidades e descontinuidades daria lugar a — ou, de fato, *produziria* — um Bakhtin inteiramente "novo", um Bakhtin cuja importância não iria muito além das fronteiras dos estudos literários ou da teoria literária e cultural, como sinal do colapso dessas fronteiras e da emergência das ciências humanas diversamente concebidas.

É nesse contexto que as subsequentes exposições dos principais elementos do pensamento de Bakhtin são oferecidas, a começar — de uma maneira altamente adequada no contexto de sua vida — de uma obra escrita antes e publicada só bem depois.

RESUMO

Bakhtin viveu uma vida difícil, nada ortodoxa, nada encantadora, incessantemente interrompida por grandes insurreições políticas e culturais. O objetivo dessa síntese biográfica não era apenas transmitir algumas das complexidades — e o drama — da experiência de vida de Bakhtin, mas também situar sua obra publicada em um contexto que é mais do que marginalmente importante para sua compreensão. O processo de publicação — e, posteriormente, de tradução — de alguns dos mais importantes textos de Bakhtin foi fragmentado e desordenado pelas circunstâncias político-culturais únicas do ambiente soviético. Sua recepção fora da Rússia, portanto, foi definida em grande parte pela descontinuidade, com muitas das contribuições de Bakhtin àqueles que eram debates "ao vivo" à época de sua *escrita* sendo tomadas em uma ressonância muito distinta no momento de sua *publicação*. Esse senso de atraso, de "vir de fora do tempo", assim como de um "lugar" distinto — isto é, com efeito, *duplamente* descontextualizado — simultaneamente inibiu a compreensão da obra de Bakhtin e empanou seu brilho intelectual, o senso de ousada desconformidade inerente a muitos dos textos em si — uma característica fundamental da obra de Bakhtin como um todo.

3

EUS E OUTROS

É difícil dizer exatamente que "tipo" de pensador era Bakhtin no início de sua carreira, ali pelo início dos anos 1920, quando ele escreveu — mas não publicou — duas obras altamente idiossincráticas e, portanto, bastante difíceis: *Para uma filosofia do ato responsável* (escrita por volta de 1921, publicada apenas em 1986; tradução inglesa publicada em 1990; tradução brasileira em 2010) e "O autor e o herói na atividade estética" (escrita em 1922-1924, publicada apenas em 1979; tradução inglesa publicada em 1993; tradução brasileira em 1992, como parte de *Estética da criação verbal*).

A máxima aproximação poderia ser "filósofo", embora estas obras estejam muito longe de alguma conformidade com as normas da filosofia acadêmica; elas estão, além disso, visivelmente preocupadas com a *literatura,* trazida para a órbita da filosofia como uma categoria específica — a bem dizer, única — em estética. E, mais importante, no âmago dessas obras, há um modelo de relações eu-outro claramente não limitado ao mundo "ficcional" e que é implicitamente oferecido na descrição de como, para dizer de maneira simples, os seres humanos se entendem e interagem uns com os outros. No decorrer deste livro, nosso foco se concentrará cada vez mais nas implicações do fato de que o modelo bakhtiniano para as relações eu-outro, embora não restrito à literatura, depende ao mesmo tempo dela para sua exposição.

Os termos nos quais esse modelo de relações eu-outro é expresso são os tijolos do pensamento maduro de Bakhtin, alimentando o futuro conceito central do dialogismo. Eventicidade, responsabilidade, corporificação, exterioridade, acabamento, inacabamento e arquitetônica são todos conceitos indispensáveis à visão bakhtiniana do mundo e do texto; eles são também, como se depreende imediatamente, muito pouco familiares tanto para quem se interessa por filosofia quanto para aqueles primariamente interessados em literatura. Este capítulo delineará, sem dúvida, a "arquitetônica" básica do modelo bakhtiniano das relações eu-outro, uma discussão que necessariamente acarretará o exame de conceitos mais familiares e possivelmente não menos difíceis — o ser e o eu. Somos forçados a começar, contudo, por aquilo que pode parecer um lugar especialmente esquisito para alguém tão profundamente impactado pela "teoria".

TEORETICISMO E EVENTICIDADE

A fragmentária abertura da mais extensa obra inicial de Bakhtin, *Para uma filosofia do ato responsável*[1], quase imediatamente iden-

[1] Bakhtin publicou o breve artigo programático, "Arte e responsabilidade" em 1919, seu único trabalho publicado até a publicação de "Problemas da arte de Dostoiévski" em 1929.

tifica o teoreticismo como uma das doenças-chave do pensamento moderno (particularmente do pensamento científico). Teoreticismo é o nome dado por Bakhtin a todas as formas de pensamento que imaginam que a cognição — ou a descrição daquilo que ele chama de "conteúdo/sentido" de todo ato — esgota seu pleno valor ou significação, e o "ato" é explicitamente entendido como englobando tanto pensamentos e afirmações quanto ações. O que diferentes pessoas podem dizer ou fazer em situações distintas não pode necessariamente ser equacionado em termos de conteúdo ou sentido aparentemente similares. Por exemplo, uma declaração de princípio legal ou científico, mesmo válida dentro das fronteiras de seu domínio particular, não esgota os modos e contextos nos quais ela pode ter significação. É por isso que a "transcrição teórica" do sentido aparentemente direto que se pode abstrair do ato (ou do pensamento, ou da afirmação) jamais é adequado ao que Bakhtin chama de "o mundo real único" (PFA 12) no qual os atos são desempenhados por sujeitos reais e situados. O pensamento puramente "teorético" — quer dizer, abstrato — não pode acessar o que poderia ser considerado como o âmago absoluto do pensamento de Bakhtin: o "*evento* único de Ser" (PFA 12, *destaque meu*). O pensamento teorético (abstrato) sempre produzirá um relato parcial, limitado de seu objeto, seja esse objeto ação, fala ou escrita humanas. O teoreticismo sempre carecerá da *eventicidade* (*sobytiinost'*) de todo ato ou fenômeno, sua qualidade de ser unicamente situado, carnal e temporalmente, em um sujeito que aceita conscientemente a responsabilidade por seu ato. Nada pode ser percebido na plenitude de seu sentido se entendido sem que seja levada em conta sua eventicidade.

Mas isso não representa a destituição do conteúdo do pensamento científico, cujas proposições são válidas dentro de seu domínio próprio, particular: a gravidade, por exemplo, atua sobre seu objeto de maneira descritível e generalizável, mas tal descrição não pode — nem tenta — acessar a totalidade da *minha* ou da *sua* experiência da gravidade. Para usar um exemplo extraído de uma obra ligeiramente posterior — "O problema do conteúdo, do material e da forma na arte verbal" —, o conhecimento da composição química da pintura não é a mesma coisa que entender (a experiência) da impressão que a cor produz no espectador; mais profundamente, proposições técnicas e científicas podem ter validade intrínseca no "mundo da tecnologia", mas se esse mundo não for restringido por "leis" que não estejam limitadas à lógica da própria tecnologia — em outras palavras, se lhe for permitido se passar pelo "todo" do mundo —, ela pode gerar consequências perigosas, talvez catastróficas para o mundo além da tecnologia. Em termos gerais, Bakhtin começa a refinar o problema filosófico multissecular do "geral" e do "particular", afirmando que o conhecimento "generalizável" — a lei da gravidade, as propriedades do fogo — deve ser estritamente distinto do conhecimento/experiência de uma realidade específica tal qual percebida/experienciada por determinado indivíduo em dado momento — caindo, se queimando.

Esse princípio não está limitado às ciências "exatas"; na verdade, ele é ainda mais fundamentalmente problemático para as ciências humanas e sociais. Nas ciências humanas, pode ser muito mais fácil confundir o conteúdo ou "sentido" de um ato ou afirmação com sua "assinatura" de eventicidade: uma proposição filosófica como "o pensamento determina o ser", por exemplo, embora possa, do ponto de vista de seu conteúdo, buscar opor concepções estáticas e essencialistas de ser, tende contudo a afirmar algum tipo de aplicabilidade universal. Ela *convida* à abstração como princípio "geral", excluindo-se a si mesma daquilo que Bakhtin chama de "raízes ontológicas do ser" (PFA 44). As implicações do teoreticismo para as ciências humanas e sociais são maiores e potencialmente mais prejudiciais para uma compreensão plena do *objeto* dessas disciplinas. Embora as ciências exatas possam enfrentar limitações no relato de seu objeto que estão aptas a fazer, esse relato, contudo, é adequado aos termos de seu próprio contexto e propósito (a composição química da pintura, por exemplo, ou a mecânica quântica da fissão nuclear). Mesmo assim, se a ética, por exemplo, gerar um princípio generalizável que possa se tornar a base da lei, ela necessariamente o faz sem levar em conta a eventicidade do ato individual (ou do ato potencial) desempenhado por um sujeito real, encarnado. Ela inscreve, portanto, o teoreticismo em fenômenos que não apenas terão um impacto direto sobre a atividade humana, como também são desenhados para esse propósito específico (diferentemente da tecnologia, que pode afetar indiretamente a "ética" da conduta humana, mas cuja função primária é diferente). Onde as ciências humanas e sociais imitam os pressupostos metodológicos e filosóficos das ciências exatas — acusação que com alguma justificação pode ser lançada contra os estudos literários, a linguística, a psicologia, a filosofia, a antropologia, a economia e a teoria política em determinados estágios de seu desenvolvimento no século XX —, os efeitos deletérios do teoreticismo se tornam ainda mais pronunciados. As ciências humanas e sociais, ao falharem no entendimento da ação e do enunciado em termos da eventicidade única de sua produção por sujeitos reais, encarnados, correm o risco de, por fim, *objetificarem* seus objetos, falhando assim na apreensão e no relato daquilo que é essencial acerca da experiência humana.

A solução para essa crise no pensamento moderno não é, porém, simplesmente adotar aquilo que Bakhtin descreve como o oposto do "pensamento (teorético) científico" — a "visão estética". Visão estética, forma de cognição e de orientação para um objeto que admite um elemento emocional, ou até mesmo "intuitivo — e que pode, portanto, surgir como certa modalidade de antídoto contra o pensamento abstrato, racionalista (teorético) — também é incapaz de "possuir" o evento único de ser. A visão estética, de fato, produz um tipo diferente de "parcialidade" a respeito de seu objeto, dessa vez não porque, como o pensamento teorético, ela falhe em embasar "conteúdo/sentido" em uma posição de sujeito real, encarnada, mas porque ela *sobredetermina* radicalmente o aspecto não-racional, emotivo de seu objeto. Ela tende a se perder em seu próprio objeto e, assim, a dissolver o objeto em uma versão imaginada dele, o "produto" da visão estética — a imagem ou obra de arte em si. Esse "produto" é tão imperfeito como base de abordagem da eventicidade do ato desempenhado quanto das abstrações teóricas de seu sentido. A visão estética ocupa a outra ponta do espectro do pensamento (teorético) abstrato, racional científico: na tentativa de combater a generalização do pensamento abstrato, "teorético", ela *superinveste* na particularidade do particular. Portanto, a visão estética também é incapaz de penetrar a eventicidade do ser, embora Bakhtin reconheça que "o ser estético está mais próximo da unidade real do Ser-como-vida do que o mundo teorético. É por isso que a tentação do esteticismo é tão persuasiva" (PFA 18).

A análise bakhtiniana do ser em sua eventicidade, em certo sentido, alinha Bakhtin com as mais progressistas vertentes filosóficas do período em torno da Primeira Guerra Mundial e é talvez mais notavelmente informada pela oposição filosófica particular entre "cultura" e "vida" proposta por Georg Simmel (1858-1918) em seu desenvolvimento dos desafios ao racionalismo produzidos no século XIX por pensadores como Friedrich Nietzsche (1844-1900) e Wilhelm Dilthey (1833-1911). A primazia do contexto de vida e da experiência vivida naquilo a que às vezes nos referimos como *Lebensphilosophie* (filosofia da vida) é um modo útil para descrever aquilo que permanecerá no âmago do pensamento de Bakhtin durante toda a sua vida — embora a obra de outro importante "filósofo da vida", Henri Bergson (1859-1941) seja dada em *Para uma filosofia do ato responsável* como excelente exemplo da "estetização da vida" implicitamente indesejável (PFA 13).

Num sentido bastante diferente, contudo, a insistência de Bakhtin na centralidade da eventicidade também abre para linhas de associação com uma tradição "filosófica" muito diferente, a saber, a teologia da cristandade — especialmente da Igreja Ortodoxa Russa — que enfatiza marcadamente o princípio da encarnação ou "corporificação" (*voploshchenie*). A importância central de Cristo como ser humano vivente, Deus encarnado, fornece uma estrutura diferente para entender a significação do sujeito real, encarnado do evento de ser. É característica de Bakhtin se voltar para o exemplo do "evento da vida e da morte de Cristo" para fornecer aquele que talvez seja o melhor resumo de sua posição central acerca da relação entre "cultura" e "vida", tanto quanto uma afirmação dramática daquilo que está em questão no evento da resistência do ser ao teoreticismo. "A vida e a morte de Cristo" são igualmente inacessíveis:

(a) à cognição teórica, que pode apreender seu conteúdo/sentido, mas não "o fato singular da realização histórica real do evento";
(b) à cognição histórica, capaz de reconstruir o evento como fato histórico, mas é inadequada a seu conteúdo/sentido;
(c) à intuição estética, adequada a ambos os aspectos, mas na qual, crucialmente, "perdemos nossa posição própria em relação a ele [o evento], nosso dever-ser-posição nele" (PFA 16).

Não há escândalo algum em dizer que, para Bakhtin, o que é verdade acerca de Cristo como um sujeito encarnado, agindo na eventicidade única de seu ser, também é verdade de todo sujeito encarnado — de todo sujeito humano agindo, falando e escrevendo. Conhecimento "pleno" e compreensão de tal ser — e de sua ação, discurso e escrita — exigem mais do que a visão "teórica", "estética" (ou até mesmo histórica) sozinhas podem fornecer. A ideia de *corporificação*, como veremos depois, é crucial para a ideia central de eventicidade.

Para estabelecer mais claramente a alternativa produtiva situada entre os polos "cognição teórica" e "intuição estética" (sem falar de uma igualmente parcial "cognição histórica"), precisamos olhar primeiro para as implicações de um aspecto diferente da eventicidade, a saber, aquilo que Bakhtin chama de a "posição-de-dever-ser" em relação ao ser — o sentido de obrigação ou de *responsabilidade* de que a intuição estética carece em si mesma.

O SER, O EU E A RESPONSABILIDADE

A rejeição ao teoreticismo pretende chamar nossa atenção para uma concepção equivocada do próprio *ser*, cuja correção exigirá uma concepção inteiramente diferente do conhecer ou ver o sujeito daquela comumente entendida em filosofia até então. O sujeito bakhtiniano é uma pessoa "concreta", encarnada, que pensa e age no fluxo dos eventos singulares contra o pano de fundo de uma série de contextos em constante mudança. Disso fica claro que Bakhtin tem em mente uma filosofia do ser, do pensamento e da ação humanos, adversária da longa cadeia da filosofia ocidental desde a "verdade eterna" predileta de Platão (429-347 a.C.) até "nossa transitória e deficiente vida temporal" (PFA 11), a vida ideal do espírito sobre o mundo externo, "real" (que era para Platão meramente um "mundo de aparência externa"). Mais particularmente, trata-se de uma resposta e de um desafio ao sujeito transcendental de Immanuel Kant, que foi, em termos simples, inventado por Kant para explicar como pode haver tanto "coisas-em-si" (objetos reais no mundo que têm se mantido isolados de toda percepção consciente deles) quanto conceitos *a priori* na mente que permitem fazer sentido do mundo externo e, assim, *ordená-lo*. Bakhtin realmente esteve, com alguma razão, filosoficamente alinhado com o "neokantismo", que deveria ser entendido como uma série de tentativas de se reengajar com a agenda filosófica kantiana — e seus problemas — e não com uma escola determinada pela lealdade (como vimos no capítulo 2, entre os pensadores neokantianos de destaque se incluem Hermann Cohen e Ernst Cassirer, bem como o "mentor" de primeira hora de Bakhtin, Matvei Kagan).

O sujeito bakhtiniano não faz simplesmente a mediação entre mente e mundo, ou pelo menos o faz de modo muito particular: o sujeito *age*, realiza um ato e, ao fazê-lo, concretiza e atribui valor a toda forma particular de conhecimento: "O conhecimento do conteúdo do objeto-em-si se torna um conhecimento dele *para mim*" (PFA 49). O ser-como-evento, como vimos, é inacessível a partir da transcrição teórica do ato desempenhado (seu "conteúdo/sentido"), mas apenas do próprio *ato desempenhado em si*, o "ato histórico de realização" desse conteúdo/sentido (PFA 7) — "porque o ato é realmente desempenhado em Ser" (PFA 12). Na realização de tais atos — que podem ser, temos de lembrar isso, atos de pensamento ou de discurso, bem como "ação" física — o evento singular de ser "não é mais algo que é pensado, mas algo que *é*, algo que está sendo real e inescapavelmente realizado por meio de mim e de outros" (PFA 13).

O único "ser" que tem valor, que não é uma versão falsa, abstraída da experiência vivida, é literalmente *trazido ao ser* — realizado — pelo sujeito ou "portador" desse ser em sua interação com objetos e outras pessoas no mundo externo.

Essa vida "real", portanto, não é algo que apenas "é", passiva ou automaticamente: ela requer um engajamento ativo, na falta do qual a vida é meramente vivida como uma "possibilidade vazia" (PFA 43). O sujeito dessa vida real, que tem a habilidade de dar valor ao conhecimento, transforma-o em conhecimento e entendimento "*para mim*", não se tratando apenas de uma consciência, mas de uma consciência *responsável*, que "subscreve" sua própria ação no processo de realizá-la conscientemente. Retomar a oposição bakhtiniana inicial entre pensamento abstrato, racional, teorético e pensamento adequado ao evento de ser, ao ato realmente desempenhado é "mais que racional — é *responsável*. A racionalidade é apenas um momento da responsabilidade" (PFA 29). Uma recusa desse compromisso ativo por parte de um sujeito individual, que Bakhtin qualifica de um "álibi no ser", vivendo "apenas por [...] passividade" e escolhendo ou fingindo ignorar as implicações da localização concreta, única de alguém a respeito do mundo beira um tipo de ficção, uma forma de não-vida, uma condição que Bakhtin reluta em imaginar como uma possibilidade real: "Cada movimento, gesto, experiência vivida, pensamento, sentimento" têm de se enraizar em meu reconhecimento de minha própria participação no ser-como-evento. Ou então, em uma frase na qual já esbarramos tanto, eu "me isolo a mim mesmo das raízes ontológicas do ser".

Não posso existir num mundo de "possibilidade contingente", mas sou existencialmente obrigado a "existir no mundo de realidade inescapável" (PFA 44). O sujeito individual, por fim e inevitavelmente, vem a reconhecer e a afirmar o *fato* de seu "não-álibi no ser" (PFA 40), a inescapabilidade de interagir com o mundo — ativa e conscientemente — a partir de um lugar único e irrepetível. O fato do não-álibi no ser, a responsabilidade (*otvetstvennost'*) inelutável do sujeito, é a categoria que traz experiência, história e sentido juntos no ser-como-evento rico e unificado. Aquilo que Bakhtin chama de "pensamento participativo (não-indiferente)", "um pensamento ato-performante, um pensamento referido a si mesmo como o único dos feitos performantes responsáveis" (PFA 44-45). Tal pensamento, orientado para o mundo desde seu lugar único no evento do ser, é capaz de até mesmo desobjetivar seu objeto: isso faz do mundo "um mundo de nomes próprios, um mundo *desses* objetos" (PFA 53). O sujeito — a *pessoa* encarnada, concreta — encontra no mundo não conceitos, nem mesmo "apenas" objetos, mas "*esse* céu e *essa* terra e *essas* árvores" (PFA 30). Nos termos com os quais iniciamos essa discussão, o "conteúdo/sentido" de toda e qualquer coisa — o céu, a terra, a árvore — depende da *relação* entre esse objeto e seu observador — o sujeito encarnado, real, agindo responsavelmente no evento-de-ser singular. Mediante essa relação, o todo do mundo, desde os objetos inanimados até as leis científicas, é "humanizado", adquirindo assim a plenitude de seu sentido.

Há duas importantes qualificações do que pode ser visto num primeiro momento como sendo uma filosofia de individualismo radical, talvez relacionada ao existencialismo posteriormente associado a Jean-Paul Sartre (1905-1980). A primeira e mais importante — o papel de outra pessoa — será tratada mais detalhadamente na próxima seção. A segunda é o problema, ao qual já nos referimos, de como o *particular* (o individual, o evento) se relaciona com o *geral* (o coletivo, o reiterável, a história). Como, por exemplo, observações válidas apenas e definitivamente a respeito da instância particular, em toda a sua eventicidade irreiterável, podem se tornar a base de uma compreensão generalizada de determinado fenômeno? Como evitar a armadilha de classificar a experiência individual ou a compreensão de algo como "meramente" subjetivas, mesmo preferindo a verdade "objetiva", mais ampla de uma situação — preferindo exatamente, em outras palavras, o puramente teorético, que não pode dar acesso à eventicidade do ser? A tendência de a "verdade" ser entendida exclusivamente em termos de "momentos universais" — daquilo "que é repetível e constante nela" — é, de acordo com a análise das deficiências do teoreticismo, apenas "um legado do racionalismo" (PFA 37); mas que uso podem ter, tanto na vida cotidiana quanto no direito ou na ciência, mil "verdades" potencialmente conflitantes? Esse problema nunca é resolvido "filosoficamente" em Bakhtin, mas, como veremos, gera várias das soluções aventadas na medida em que Bakhtin e seus colaboradores o enfrentam nas linguagens de outras disciplinas.

O mesmo se diga de um problema correlato, cujos contornos já vislumbramos rapidamente: o problema da encarnação ou corporificação. Está implícito que o único "lugar" do sujeito humano que age no evento contínuo de ser é o corpo humano — seja ele o corpo do mais humilde executor das ações mais mundanas, mais cotidianas ou, como vimos, o corpo de Cristo, que não tem apenas uma significação simbólica, mas também garante a autenticidade única do evento de uma vida. Podemos falar de uma "consciência compartilhada" (uma visão de mundo como o racionalismo científico ou a doutrina cristã), mas não podemos "compartilhar" um corpo. De outro ponto de vista, contudo, como é que podemos ter um conhecimento, uma compreensão significativos de outros sujeitos corporificados? Mais uma vez, esse problema não é (inteiramente) resolvido em perspectiva filosófica, e os problemas suscitados pelo conceito de *corporificação* se demonstrarão centrais tanto para o programa literário de Bakhtin quanto para sua "translinguística" de finais dos anos 1920 e dos anos 1930. Ele também, em sua oposição autoconsciente ao clássico dualismo mente-corpo associado a René Descartes (1596-1650), nos remete à primeira e mais importante das qualificações para um individualismo potencial, radical suscitado acima. A concepção bakhtiniana do sujeito situado, corporificado tenta responder à pergunta que Descartes faz, mas da qual se desvia — como podemos ter conhecimento de outros sujeitos corporificados? Trata-se, a despeito de sua impressão superficial de um "individualismo" potencialmente fechado, de uma tentativa de lidar com o problema da outra pessoa.

O OUTRO

O sujeito bakhtiniano encontra no mundo não apenas "objetos", a realidade material à qual devem ser impostos ordem e sentido, mas *outros sujeitos* — outras pessoas responsáveis concretas, corporal e temporalmente situadas, vivendo seu próprio evento de ser único e singular. Posteriormente, Bakhtin desenvolverá a distinção entre pensamento abstrato, científico (da física à economia) e pensamento humanístico em algo mais fundamental ou até mesmo absoluto, derivante da capacidade de o objeto das ciências humanas (e sociais) também "falar". Aqui, como vimos, ele deriva para aquilo que chama de "visão estética", ao lado de várias instâncias de pensamento teorético, todas igualmente incapazes de apreender o ser-como-evento, embora por razões opostas. Tentando superar essa incapacidade, a visão estética deve se tornar uma forma mais pronunciada e específica de pensamento participativo, envolvendo dessa vez não apenas uma aceitação de seu próprio não-álibi no ser (sua responsabilidade), mas também uma forma particular de *empatia* em relação a tudo o que ele não é. Isso está expresso nos termos daquilo que Bakhtin chama de "contemplação estética", por ele proposta como uma alternativa ao esteticismo puro, que é incapaz de chegar ao evento de ser:

> Um momento essencial [...] na contemplação estética é identificar-se com um objeto individual de visão — vendo-o de dentro em sua própria essência. Esse momento de identificação é sempre seguido pelo momento de objetificação, ou seja, um situar *fora* de si a individualidade entendida por meio da identificação, um separá-la de si, um *retorno* a si mesmo. E somente essa consciência voltada-para-si-mesma dá forma, a partir de seu próprio lugar, à individualidade apreendida a partir de dentro, ou seja, configura-a esteticamente [...] (PFA 14).

Bakhtin é bastante explícito ao afirmar:

> ... a identificação realiza algo que não existe nem no objeto de identificação nem em mim mesmo antes do ato de identificação, e através desse algo realizado o Ser-como- evento é enriquecido (ou seja, ele não permanece igual a si mesmo) (PFA 15).

"Identificação pura", perder-se no outro, não promove esse "enriquecimento" miraculoso; o que é crucial é o sentido de rumar para a posição do outro individual e *retornar* a si mesmo. Todo sujeito postula *outro* sujeito, situado numa relação de *exterioridade* (*vnenakhodimost'*), em vista de chegar ao que Bakhtin chama de "totalidade" ou "unidade"; o sujeito, pessoa, individualidade, só se torna o que ele(a) é — num paradoxo intenso — sob o olhar do outro.

Em sua próxima obra substancial (mas também incompleta), "O autor e o herói na atividade estética", Bakhtin reitera e desenvolve essas posições básicas sobre ser e outridade, confirmando especialmente o papel crítico do outro na constituição do eu. O sujeito

> deve se tornar outro em relação a si mesmo, deve olhar para si mesmo através dos olhos de outro. [...] Depois de olhar para nós mesmos através dos olhos de outro, sempre retornamos — na vida — a nós mesmos outra vez, e o evento final, ou por assim dizer, recapitulador toma lugar dentro de nós mesmos nas categorias de nossa própria vida ("Autor e herói", 15, 17).

O outro tem em relação a mim um "excesso de visão", um "transbordamento". O outro me vê desde uma perspectiva e num contexto nos quais jamais poderei ver a mim mesmo: "E muito menos somos capazes ou competentes para perceber em nós mesmos o todo dado de nossa própria personalidade" ("Autor e herói", 5).

Usando um termo que desenha todos os aspectos que discutimos juntos, Bakhtin descreve as estruturas entrelaçadas de seu modelo de relações eu-outro e de sentido e compreensão como uma "*arquitetônica* concreta [...] do mundo real do ato realizado" (PFA 54, destaque meu). As coordenadas básicas dessa arquitetônica concreta, em um movimento que constitui a rejeição bakhtiniana de um individualismo fechado absolutamente explícito, são descritas nos seguintes termos:

> Todos os valores da vida e da cultura reais se organizam em torno dos pontos arquitetônicos básicos do mundo real do ato ou feito desempenhados: valores científicos, valores estéticos, valores políticos (incluindo os valores éticos e sociais) e, por fim, os valores religiosos. Todos os valores espaçotemporais e todos os valores de sentido/conteúdo se movem e se concentram em torno desses momentos emocional-volitivos centrais: eu, o outro e o eu-para-o-outro (PFA 54).

Os dois primeiros termos desta tríade podem ser elaborados como segue: "Eu" (sempre que não se trate do "eu-para-o-outro) é descrito por Bakhtin como "eu-para-mim-mesmo". O "outro" deve ser sempre "o-outro-para-mim". O modelo bakhtiniano é "arquitetônico" justamente por não se tratar de um modelo de pontos ou entidades fixos, imutáveis; trata-se antes de um modelo de *relações* fluidas e dinâmicas, baseado apenas na localização inelutável do ser humano real situado no âmago disso tudo — no evento singular de seu ser. Todo sentido, toda compreensão não giram em torno desse modelo; de fato, se estruturam segundo o mesmo princípio arquitetônico: são efeitos e dependem inteiramente da arquitetônica das relações eu-outro.

A natureza prática, quase sequencial desse modelo de relações eu-outro, com sua descrição de sujeitos corporificados, situados em um processo real de interação mútua, confirma que ele se distingue do outro abstrato, homogeneizado que veio a dominar a maioria das concepções de outridade nas várias vertentes do pensamento pós-estruturalista. O outro não é simplesmente aquilo que o sujeito-consciência entende como sendo externo a si mesmo, caracterizado em uma série de generalizações étnicas, sociais e generificadas, ou, pior, inacessivelmente trancadas no "inconsciente" do sujeito: esse é justamente o tipo de abstrações "teóricas" produzidas pela concepção de um ato ou enunciado isolados de seu evento definidor. O outro bakhtiniano é *sempre* o-outro-para-mim, e isso sempre acarreta sua imbricação no evento do contato intersubjetivo. E essa arquitetônica do evento jaz no âmago daquilo que será posteriormente desenvolvido no conceito fundamental de *dialogismo*.

A CRÍTICA A FREUD

O outro bakhtiniano nada tem a ver com aquilo que é sequencialmente buscado e reprimido no eu e que, como Voloshinov e/ou Bakhtin mais tarde afirmarão em *Freudismo*, livro de 1927, é nada mais que a realocação de um "fantasma" externo, abstratamente construído no espaço psíquico interno. Rejeitado por uma das mais proeminentes defensoras da psicanálise, Julia Kristeva (*1941) por ser "rudimentar", o *Freudismo* é, contudo, uma rejeição radicalmente forte e presciente das bases filosóficas da obra e da influência de Freud, rejeição que se expande na concepção bakhtiniana fundamental do eu e do outro como um processo de construção mútua pela ênfase em suas implicações sociais e históricas. A alegação central do livro é que o freudismo é o mais significativo exemplo do "medo da história" que dominou a filosofia "burguesa" (Voloshinov está escrevendo desde uma posição ostensivamente marxista) de meados do século XIX. Para Voloshinov, o "inconsciente" é uma ficção, uma invenção motivada por "um medo *sui generis* da história, uma ambição de situar um mundo para além do social e do histórico" (F 14). De fato, tudo está disponível para a mente *consciente*, mas a ideologia prevalente atua para impedir o que a ela se opõe de encontrar expressão externa; ela se transforma em consciente "não-oficial", de cuja existência em uma relação de tensão e conflito com seu ambiente externo o sujeito tem ciência. O inconsciente, construído como um meio de repressão do desejo, é apenas um modo de convidar — ou forçar — o sujeito a enganar a si mesmo. Trata-se de um véu abstratamente invocado que esconde do sujeito não apenas a realidade do outro que o confronta, mas também, em um aprofundamento da espiral trágica que a autoconstituição do sujeito em interação com o outro acarreta, a essência de sua própria condição. O sentido é gerado no evento de ser singular real e é condicionado pela arquitetônica da eventicidade — algo que Voloshinov posteriormente chamará explicitamente de "o social". Embora Bakhtin tenha simplesmente evocado olhar para nós mesmos "pelos olhos de outro" ("Autor e herói", 17), para Voloshinov, a pessoa do outro através de cujos olhos posso olhar vem com seus próprios horizontes ideológicos, como "um representante de meu grupo social, de minha classe" (F 87) — ou não. Vai depender do caso. Voloshinov também fala explicitamente do evento como um "evento de comunicação", enfatizando o papel da linguagem, inicialmente (quase) ausente da arquitetônica bakhtiniana. (Essa concepção da relação entre linguagem e consciência será posteriormente desenvolvida no capítulo 5.) Paradoxalmente, talvez, é justamente o papel da linguagem que constitui a base de uma renovação pós-estruturalista do pensamento freudiano na obra de Jacques Lacan (1901-1981): enquanto para Voloshinov o inconsciente freudiano abomina acima de tudo a linguagem porque a linguagem (o discurso) é definitivamente social, para Lacan, o inconsciente é o discurso do Outro.

ACABAMENTO E INACABAMENTO

As implicações plenas da arquitetônica bakhtiniana do ser (de ação, discurso e escrita) — assim como os desafios provocados por ignorá-las — podem ser focadas pelo exame das contradições produtivas resultantes dos conceitos de *acabamento* e *inacabamento*[2]. O efeito de basear sentido e compreensão num "ser teorético" e não num "ser singular historicamente real", de ignorar ou negar, em outras palavras, a força constitutiva dos momentos na "arqui-

[2] O termo russo *zavershenie* é traduzido em AH como "consumação", mas nós preferimos "acabamento". O termo correlato *nezavershimost'* será vertido por "inacabamento" (grupo lexical mais comumente presente na escrita de Bakhtin na forma de "inacabamento" - *nezavershennost'*).

tetônica concreta" de Bakhtin é que nós "nos descobriremos [...] determinados, predeterminados, ultrapassados e acabados, isto é, essencialmente não viventes" (PFA 9). O teoreticismo (abstração e racionalismo desenfreados) implica para Bakhtin um tipo de *morte*, uma perda de todo sentido significativo daquilo que é humano no humano — ele *finaliza* o que, de fato, exige ser aberto, vivo, *infinalizável* para poder ter uma existência relevante. O modelo bakhtiniano busca, em vez disso, conceber a agência humana em termos de "historicidade viva" (PFA 8) — de inacabamento. Mesmo assim, podemos indagar: como essa "historicidade viva", essa abertura axiomática, que mantém um sentido de vida concebido em sua eventicidade essencial, pode se reconciliar com a insistência de Bakhtin na natureza *corporificada,* concreta da consciência que o ser experimenta? Como, em outras palavras, podem uma pessoa, um objeto ou um conceito serem fixados, na medida em que podem ser percebidos ou entendidos, enquanto ao mesmo tempo retêm sua capacidade viva de mudar ou ser percebidos, ou entendidos em sua eventicidade (infinalizável)?

Esta pergunta pode ser encarada mais dramaticamente se primeiro considerarmos não as pessoas, mas os *objetos* no sentido literal; para Bakhtin, até mesmo objetos inanimados nunca são "predeterminados, ultrapassados e acabados":

> Na medida em que estou realmente experimentando um objeto, mesmo que eu o faça apenas pensando nele, ele se torna um momento cambiante no evento contínuo de minha experiência (pensamento), *i.e.*, ele assume o caráter de algo-ainda-a-ser-alcançado (PFA 32).

Numa rara referência precoce ao papel da linguagem, Bakhtin vai adiante nisso ao dizer que ao *falar* sobre um objeto e, portanto, ao expressar pela "entonação" minha "atitude avaliadora" a respeito dele, chamo a atenção para "aquilo que ainda-está-a--ser-determinado acerca dele"; eu o transformo em "um momento constituinte do evento vivo, em curso" (PFA 32-33). De fato, "tudo o que é realmente experimentado o é como algo dado e como algo-ainda-a-ser-determinado"; enquanto penso sobre algo, esse algo "se torna participante do evento em curso" (PFA 33). O evento de ser é um evento *aberto*, em processo, e tudo o que é "realizado nele", mesmo o objeto inanimado de meu pensamento — ou seja, quando ele entra no campo arquitetonicamente estruturado da experiência real — é aberto, vivo, *inacabado*.

Assim também o sujeito humano:

> Para poder viver e agir, necessito ser inacabado, estar aberto a mim mesmo [...] Tenho de ser, para mim mesmo, alguém que axiologicamente ainda-está-para-ser, alguém que não coincide com sua configuração preexistente ("Autcr e herói", 13).

A participação do sujeito no evento aberto, em processo de ser está axiomaticamente "lançada à frente de si mesma rumo ao evento-ainda-a-ser" ("Autor e herói", 16). Essa abertura fundamental — o potencial inacabado, em constante evolução do sujeito vivo — não é *inteiramente* autoimpulsionado, nem *unicamente* outorgado por outro sujeito (como no caso do objeto inanimado); em vez disso, ela é mantida no interior da matriz arquitetônica do eu-para-mim-mesmo, do eu-para-o-outro, do outro-para-mim. Naturalmente, ela é em certa medida autônoma, autogarantida pela *responsabilidade* do eu-para-mim-mesmo, mas isso, por sua vez, exige o encontro com o eu-para-o-outro e com o-outro-para-mim: eu sou essencialmente um objeto para o outro, não obstante um tipo particular de objeto, e minha abertura-para-mim-mesmo é mantida e renovada pela abertura a mim outorgada pelo outro, para quem eu sou "um momento constituinte do evento vivente em curso". Entre nós, por assim dizer, estou a salvo de cair no "não-ser", a salvo da vida vivida como "possibilidade vazia" — de ser finalizado, "determinado, predeterminado, ultrapassado e acabado, isto é, essencialmente não vivente". É como dirá Bakhtin muito depois: "No processo da comunicação dialógica, o objeto é transformado no sujeito (o *eu* do outro)" (N70 145). Os sujeitos humanos podem escolher outorgar a si mesmos e aos outros a qualidade de inacabamento, mantida entre sujeitos (e entre todo sujeito dado e o mundo) na arquitetônica da coexperiência, ou podem escolher, por ato ou omissão, permitirem a "algo-ainda-a--ser-determinado" ser reduzido a algo "dado". Nessa última hipótese, eles se tornam — para usar a frase de Nikolai Gogol (1809--1852), autor russo do século XIX, via Dante Alighieri (1265-1321) — "almas mortas", ou aquilo que Bakhtin mais tarde chamará de "objeto[s] sem voz, estúpido[s]", em oposição aos "portadores de sua própria voz plenamente válida" (PPD 63).

Essa arquitetônica, um tipo de ideia viva de estrutura, condiciona tudo aquilo sobre que posteriormente Bakhtin voltaria sua atenção — língua, literatura, cultura, toda interação humana — permitindo-lhes o grau de "gratuidade" que as torna passíveis de toda forma de estudo ou observação, ao mesmo tempo em que garante seu inacabamento. Seja no contexto de uma "filosofia primeira", de uma teoria da literatura, ou de uma filosofia da linguagem ou da cultura (ou da física, ou da ética), todos os "objetos" estão, portanto, definitivamente a salvo dos efeitos do teoreticismo, exigindo por sua vez serem percebidos à luz de sua irredutível eventicidade.

RESUMO

A produção inicial de Bakhtin, quase toda ela inédita — até mesmo em russo — até os anos 1970 e 1980, delineia uma "filosofia primeira" que configurará a base conceitual de sua obra posterior, mais diretamente concentrada em literatura, linguística e cultura. Os conceitos-chave nesse esquema são *eventicidade*, no sentido de que o ser só é acessível ou compreensível em termos de realidade singular como um evento no qual sentido e valor são criados pelos participantes; *responsabilidade*, que descreve a necessidade da participação ativa do sujeito a partir de sua posição única no ser, no evento em curso — o não-álibi do sujeito no ser, a "assinatura" com a qual ele subscreve o ato realizado; *corporificação*, a expressão literal e figurada desse lugar único, concreto, que enfatiza que só posso participar do ser como eu mesmo e que o sentido depende inteiramente da corporificação em uma consciência viva (tornando assim secundário todo sentido "universal" ou "abstrato" — na melhor das hipóteses, meras aproximações generalizadas); *exterioridade*, corolário necessário da corporificação, que descreve minha relação fundamental com o outro, que facilita coexperienciar identificatoriamente o evento de ser; e, finalmente, o mais sutilmente problemático entre os conceitos bakhtinianos chave, *acabamento*. Este e o conceito correlato de *inacabamento* (ou *infinalização*), que garante minha abertura, minha habilidade de me tornar outro diverso daquele que sou agora no movimento do evento de ser contínuo, aberto, inicialmente dominará nossa análise da transição de Bakhtin da reflexão explicitamente filosófica para a análise de textos literários. O nome dado a esse sistema como um todo é *arquitetônica*, que busca exprimir um sentido de estrutura sem, ao mesmo tempo, acarretar relações estáticas entre "elementos" predeterminados e simplistamente identificados; não existem elementos, apenas pessoas (sujeitos). A arquitetônica do ser é, finalmente, o antídoto necessário contra o *teoreticismo* do pensamento moderno, que, ao buscar universalizar aquilo que, de fato, é apenas conhecimento limitado, parcial dos domínios individuais da atividade humana, da ética à física, sempre produzirá um relato deficiente de seu objeto, que o descontextualiza e o desistoriciza programaticamente ao isolá-lo da eventicidade.

4

AUTORES E HERÓIS

Os conceitos bakhtinianos apresentados no capítulo anterior — eventicidade e responsabilidade, corporificação e exterioridade, acabamento e inacabamento — são inconcebíveis, na acepção mais comum, quando dissociados de termos mais familiares que usamos para descrever as relações básicas entre sujeitos, a saber, "eu" e "outro". Embora um modelo particular de "relações eu-outro" permaneça no âmago de seu pensamento, esses termos ainda não são propriamente tão terrivelmente característicos de Bakhtin. Desde "O autor e o herói na atividade estética" e com uma força que persiste através de toda a sua obra até o final de sua vida, Bakhtin prefere a "eu" e "outro" os termos *autor* e *herói* — que, a um primeiro olhar, podem parecer estreitar, em vez de expandir, o escopo de sua "filosofia primeira". Neste capítulo, examinaremos as consequências da insistência de Bakhtin em "autor" e "herói", os modos segundo os quais estes termos, de fato, facilitam a expansão de seu programa e a mudança concomitante de uma arquitetônica do evento como tal para uma arquitetônica da "atividade estética" — e da arte verbal em particular. Todavia, primeiro, temos de lidar com certos fatores contextuais que condicionaram a "migração" de Bakhtin da filosofia para a literatura.

FILOSOFIA E LITERATURA

Há vários motivos pelos quais Bakhtin optou por não desenvolver sua "filosofia primeira" em termos puramente filosóficos, buscando, em vez disso, arbitrar seu programa pelos meios de expressão da estética literária, da linguagem e da linguística. A primeira razão, cujo impacto se faz sentir muito além do caso particular de Bakhtin ou até do contexto da Rússia Soviética inicial, era a crise comumente diagnosticada da filosofia europeia como um todo. Isso pode ser rastreado pelo menos tão remotamente quanto a insistência na mudança de paradigma de Karl Marx (1818-1883), segundo a qual "os filósofos até agora apenas *interpretaram* o mundo de várias maneiras; a questão agora é *transformá-lo*" (Marx, 1845/1924). O imperativo de transformar o mundo foi dificultado pelo ritmo lento em que o próprio mundo estava mudando, variamente dramatizado pelo despontar do darwinismo, pela crescente tecnologização da indústria e pelo surgimento da era das comunicações de massa — do telégrafo ao cinema e ao rádio. O fim do século XIX e o início do século XX podem ser caracterizados como a era do materialismo, que acarreta imediatamente algum grau de *status* secundário para a filosofia, que se arriscara cedendo seu lugar como maneira primária de entender o mundo não apenas para os vários ramos das ciências naturais, mas também para as várias novas ciências "humanas" e sociais, surgidas para ocupar o vácuo produzido pela máxima de Marx — sociologia, psicologia, antropologia e economia política.

O evento causador da cristalização desses desenvolvimentos numa crise foi a eclosão da Primeira Guerra Mundial em 1914, que prenunciava a chacina na Europa continental em uma escala que parecia questionar a mera possibilidade da filosofia como tal. Esse é o contexto amplo no qual o jovem Bakhtin, desconhecido e virtualmente inédito, enfrentou as mesmas questões sobre a viabilidade e o uso da filosofia que marcam a obra de seus predecessores e contemporâneos, tais como o fundador do existencialismo, Martin Heidegger (1889-1976) — que posteriormente seria desacreditado por conta de sua associação com o nazismo — bem como Simmel, Bergson e os neokantianos aos quais já fizemos referência nos capítulos 2 e 3.

A segunda razão tem um caráter mais local: exatamente no ponto em que Bakhtin deveria ter procurado completar e publicar *Para uma filosofia do ato responsável* e talvez desenvolver suas ideias em um gênero acadêmico semelhante, fatores especificamente soviéticos mais imediatos lançaram uma sombra diferente sobre a "possibilidade da filosofia". Os anos iniciais do período soviético testemunharam uma trégua intranquila entre as autoridades bolcheviques e os numerosos representantes da *intelligentsia* pré-revolucionária que permaneceram na Rússia no pós-1917. Lênin, especialmente, entendera que a *intelligentsia*, grande parte por temperamento, se não politicamente, simpática à revolução, desempenharia um papel crítico no desenvolvimento de uma nova cultura revolucionária. A instauração de sua Nova Política Econômica, em 1921, proclamou uma forma limitada de pluralismo cultural que persistiria até o final dos anos 1920 e na qual escritores, diretores de cinema, dramaturgos, críticos e acadêmicos em disciplinas tais como linguística e etnografia desempenhariam papéis significativos na acomodação das atividades culturais e acadêmicas às exigências da filosofia política marxista-leninista que então emergia. Algumas figuras da *intelligentsia* eram, porém, mais úteis — e receptivas — a esse processo do que outras.

Já em 1909, Lênin publicara seu *Materialismo e empiriocriticismo*, que não era apenas uma das contribuições mais radicalmente intransigentes à filosofia materialista prática, mas também uma crítica excruciante à tendência dominante na filosofia russa — o idealismo religioso — e seus principais proponentes vivos, Nikolai Berdiaev (1874-1948) e Sergei Bulgakov (1871-1944). Então, no verão de 1922, numa tentativa de contenção do risco inerente a uma política de pluralismo econômico-cultural — e também, talvez, para cumprir uma agenda "filosófica" de longo prazo —, Lênin buscou uma alternativa para o exílio interno (ou para a brutalidade da execução que se seguiria sob Stálin) como forma de lidar com elementos que, julgava ele, jamais se reconciliariam com os propósitos da revolução. Embora os filósofos representem somente pequena porcentagem dessas figuras da *intelligentsia* e dos acadêmicos mandados em exílio forçado para o exterior em 1922, os navios que os levavam tornaram-se historicamente conhecidos como "barcos da filosofia", por conta do simbolismo especial do ato. O próprio exílio de Berdiaev e de Bulgakov, dos quais Lênin já se ocupara na imprensa, assim como o de Nikolai Lossky (1870-1965) e Semen Frank (1877-1950), não apenas assinalou o fim (pelo menos na Rússia) da vertente idealista-religiosa que outrora dominara a filosofia russa, como também preparou a base para o fim da possibilidade de *qualquer* alternativa filosófica ao "materialismo dialético" que se levantaria em nome do marxismo-leninismo na medida em que os anos 1920 se encerravam. Essa é uma das formas particulares de resposta que a convocação de Marx para transformar o mundo e não meramente interpretá-lo alcançou na Rússia soviética; ela também condiciona o terreno filosófico nada agradável no qual Bakhtin, como muitos outros, decidiu não pisar.

Há, ainda, uma terceira razão para o desvio de Bakhtin para outras disciplinas e linguagens intelectuais. Seu interesse pela estética literária já está, de fato, estampado em *Para uma filosofia do ato responsável* e, especialmente, em "O autor e o herói na atividade estética" em maneiras que vão além da mera exemplificação. Melhor que ver "O autor e o herói na atividade estética" como encarnando uma "transição" da filosofia para os estudos literários, é lê-lo em termos de sua determinação mútua. De fato, a "filosofia" bakthiniana *depende* e descobre sua expressão mais plena nas relações literárias.

DA VIDA PARA A ARTE...

Já vimos como o foco inicial de Bakhtin na empatia se desenvolve em "O autor e o herói na atividade estética" na necessidade de tornar-se outro em relação a si mesmo, para ver-nos a nós mesmos através dos olhos do outro e, na sequência, "voltar" a nós mesmos como precondição para aquilo que Bakhtin chama de "o evento recapitulador final" ("Autor e herói", 17). Esse evento "final" não é, naturalmente, final de verdade, mas simplesmente um elo na cadeia de eventos que constituem o pensamento, a ação e a interação social. Fazemos isso, sustenta Bakhtin, todo o tempo em *nossa vida*. O problema que ele enfrenta, contudo, é como levar isso para além do domínio da discussão ou da hipótese ("filosofia") e fornecer material exemplar que, simultaneamente, apoie a discussão e exemplifique como exatamente esse processo opera de um modo que a mera observação da vida não consegue demonstrar. Essa é realmente a chave para entender "O autor e o herói" do título: falar de "sujeito" e de "objeto" arrisca contradizer o núcleo de como Bakhtin vê o "objeto", de como ele é "subjetivado" ou imerso no intento avaliatório do sujeito a contemplá-lo; similarmente, como já vimos, Bakhtin não está de todo confortável com os termos que usamos para caracterizar a significação mais ampla de sua obra inicial, "eu" e "outro". Nem "sujeito-objeto", nem "eu-outro" facilitam o salto para além da observação da vida necessária ao desenvolvimento do programa bakhtiniano; isso vai requerer uma concentração na relação entre um "autor" e um "herói", termos que devem ser entendidos tanto literal quanto figurativamente.

A um primeiro olhar, isso pode parecer um risco de perigosa fusão entre "vida" e "arte" (literatura) — talvez exatamente o tipo de "estetização" da vida que leve à perda do eu no objeto (estético) (crítica de Bakhtin a Bergson). Não obstante, Bakhtin aceita alegremente esse risco: primeiro, ele está realmente convicto da continuidade essencial entre a contemplação ética e estética. Não é a identificação entre "vida" e "arte" como tal que é perigosa, mas sim a falha em entender exatamente como elas estão relacionadas. Segundo, o modelo bakhtiniano autor-herói posteriormente facilitará a demonstração de como vida e arte podem ser *diferenciadas* em seu esquema.

"Vida", para Bakhtin, é diferente de arte e literatura por ser fundamentalmente *não* "finalizável" em qualquer sentido, enquanto a "atividade estética" implica algum tipo de acabamento provisório. Na vida, como vimos no capítulo 3, "preciso estar aberto a mim mesmo [...] Tenho de ser, para mim mesmo, alguém axiologicamente ainda-a-ser, alguém que não coincide com sua configuração já existente" ("Autor e herói", 13). As "fases" da vida e da atividade estética estão claramente visíveis no seguinte:

> Uma determinação ética define determinado ser humano a partir do ponto de vista do-que-está-por-ser-realizado [...] Tudo o que se precisa fazer é transpô-lo em algo dado e a determinação se torna completamente estetizada ("Autor e herói", 226).

Na vida, o sujeito contemplativo confere ao sujeito contemplado uma autoconstituição momentânea, que não reifica, mas permanece infinitamente aberta à autoconstituição repetida em uma série infindável de contextos em mudança (até, muito literalmente, a perda final de consciência que é a morte): uma determinação *ética*. O texto literário finito, contudo, deve finalizar ou consumar seus objetos de uma maneira que não seja tão "aberta" (ou "infinita", como Bakhtin diz) — o "autor" confere uma "gratuidade" ao "herói", mas uma gratuidade que não determina nem esgota a potencialidade axiológica do herói: uma determinação *estética*, mas de tipo muito diferente da "estetização da vida" que encontramos no capítulo anterior. Em outras palavras, a literatura tem a capacidade de imitar — ou, melhor, de *encarnar* — o processo contínuo e aberto da constituição do eu em diálogo com o outro e seu(s) contexto(s) mútuo(s) (o evento de ser); ela tem a capacidade de equilibrar a abertura do evento com as demandas superficiais de fechamento que sua forma finita necessariamente impõe. Contudo, não se deve entender isso como uma *limitação*, e sim como a *capacidade* única da atividade estética no sentido bakhtiniano:

> A criação estética supera o caráter infinito e a-ser-ainda-alcançado da cognição e da ação ética por se referir a todos os constituintes do ser e ao sentido a-ser-ainda-alcançado por um ser humano em sua gratuidade concreta — como o evento de sua vida ("Autor e herói", 23)

Nessa concepção, estética e ética podem claramente não estar inteiramente separadas uma da outra, mas o mais interessante é que, em vez da ética subsumindo a estética, é de fato a estética que, para Bakhtin, *abrange* a ética: "A objetividade estética, em outras palavras, abrange e inclui a objetividade ético-cognitiva" ("Autor e herói", 13). Em vez de se deter no nível da "vida" (cognitiva, ética), um ato profundo de contemplação deve se tornar contemplação *estética*: "Antes de assumir uma posição puramente estética em relação ao herói e a seu mundo, um autor deve assumir uma posição de vida vivida, uma posição puramente ético-cognitiva" ("Autor e herói", 227).

O foco bakhtiniano nas relações eu-outro em termos de um relacionamento entre "autor e herói" indica, portanto, dois importantes aspectos de seu pensamento. Primeiro, seu pensamento privilegia implicitamente um *tipo* particular de texto literário, no qual a abertura axiológica tanto do eu quanto do outro "na vida" é representada em seu fluxo e movimento perpétuos — mas no qual ela é, não obstante, representada, capturada, acessível em uma condição momentaneamente consumada ou finalizada. Isso se torna uma "estética" privilegiada, que identifica — e favorece — uma literatura capaz, sobretudo, de exibir a estrutura *arquitetônica* da relação eu-outro. Segundo, ela provê uma solução para um problema vislumbrado desde sempre, a saber, o sentido no qual a estética — como um ramo especializado da filosofia — vinha sendo até então simplesmente atribuída a um recanto diferente da hinterlândia filosófica que não o "teoreticismo", como incapaz, tanto quanto até mesmo a mais abstrata das ciências exatas, de apreender o todo do ser em toda a sua eventicidade. Bakhtin tem em vista uma estética completamente diferente, que vai exatamente no rumo desses aspectos essenciais da experiência humana que a estética tradicional é incapaz de conceber: o evento encarnado, singular, único de um ser individual no processo direto e contínuo do encontro com outro sujeito constitutivo desse eu do indivíduo.

A ARQUITETÔNICA E A ESTÉTICA DA ARTE VERBAL

A significação da estética e a importância central e estruturante da arquitetônica são elucidadas no material que pode parecer surpreendente para leitores mais acostumados a Bakhtin como um teórico do romance. Tanto *Para uma filosofia do ato responsável* como "O autor e o herói na atividade estética" se concluem com uma análise do mesmo poema de Alexandre Pushkin (1799-1837), "Separação" (*Razluka*), escrito em 1830. Em cada caso, o propósito de Bakhtin é "esclarecer a disposição arquitetônica do mundo na visão estética em torno de um centro de valores" (PFA 65). O verso que abre o poema é o seguinte:

> Com destino às praias de sua pátria distante
> Você estava partindo desta terra estrangeira.

Mesmo esta pequena amostra é suficiente para comprovar: há duas pessoas ativas no poema, dois "contextos de valor": o "herói lírico", o sujeito da enunciação, e o "você" a quem ele se dirige (antiga amante, agora falecida). O segundo contexto de valor, sem perder sua autossuficiência, é "avaliativamente abrangido" pelo primeiro, que é o contexto do "enunciador" único do poema, mas as palavras são marcadas por aquilo que Bakhtin chama de o "tom volitivo-emocional" de *ambos*: "pátria" é a pátria dela, não dele; reciprocamente, o fato de a pátria ser "distante" recebe esse matiz primariamente do ponto de vista *dele*. Similarmente, o fato de ela estar "partindo" é marcado pelo tom volitivo-emocional *dele* (ela não está "voltando", algo que implicaria sua própria perspectiva), mas a terra que ela está deixando só pode ser "estrangeira" do ponto de vista dela — a palavra é "sua" [dela], é entoada desde o "centro de valor" dela, mesmo que ela não o enuncie. O que é ostensivamente a expressão "lírica" do herói lírico é assim marcado pelos tons volitivo-emocionais de *duas* consciências em contemplação ativa uma da outra, sem a menor necessidade de marcadores "formais" de superfície da distinção entre elas. Desde o início de sua carreira, Bakhtin insiste provocativamente: até mesmo o verso lírico é, ao menos nas mãos de Pushkin, e usando um termo que retomaremos adiante, *bivocal*.

Todavia, há mais que duas consciências aí presentes assim como, sem dúvida, em todo texto literário. Ambos os centros de valor, o do herói lírico e o de sua destinatária, são abrangidos pelo "contexto unitário — propriamente estético — axiologicamente fundante de autor e leitor" ("Autor e herói", 212) — outra vez sem perder sua própria autossuficiência. As relações intratextuais entre enunciador e destinatário, entre seus "centros de valor", são parte de uma matriz também composta de relações entre o autor e o evento do encontro intratextual e, no outro extremo, uma relação implícita com um leitor — que trará à eventicidade aberta do todo seu próprio contexto de valor.

O primeiro ponto a ser esclarecido no que se refere ao autor — voltaremos à questão do leitor — é inteiramente incontroverso, convencional até, no contexto da crítica literária: mesmo que o autor como sujeito possa frequentemente, especialmente em lírica, se aproximar quase a ponto de coincidir com o "autor-*herói*", o herói lírico que fala dentro do poema, a coincidência deles nunca pode ser completa. O autor-enquanto-*artista* e o autor-enquanto-*herói* (o herói lírico que fala no poema) ocupam contextos axiológicos tão distintos quanto aqueles ocupados pelo herói lírico e sua destinatária no poema. Contudo, o ponto de Bakhtin aqui não é simplesmente insistir que não é o autor quem fala "diretamente" no poema, mas antes que aquilo que distingue o autor enquanto tal de outros contextos de valor (heróis) é sua *exterioridade* com relação ao "campo arquitetônico interno da visão artística" ("Autor e herói", 212). É apenas de uma posição de exterioridade radical que o processo de contemplar, se identificar e "retornar" ao eu que é uma condição de acabamento pode ser realizado, que a estrutura arquitetônica do evento do encontro dos heróis do poema pode ser entendido e representado em toda a sua singularidade única: "O fato de o objeto de empatia e visão *não* ser eu mesmo — possibilita pela primeira vez a atividade estética de formação" (PFA 67). Assim como o herói lírico ocupa uma posição de exterioridade em relação a sua destinatária no poema, é assim que eles participam de um processo de "formar' um ao outro, o autor ocupa uma posição de exterioridade ainda mais radical em relação à articulação interior, ao "campo arquitetônico interno" — e assim é capaz de dar forma ao todo. Uma "reação estética [de um autor] é uma reação a outra reação, uma reação não a objetos e ao sentido em si mesmos, mas aos objetos e ao sentido tais quais eles são para determinado ser humano [o herói]" ("Autor e herói", 222). As reações "internas" dos heróis uns aos outros constituem um *evento*, o objeto complexo da contemplação estética "externa" do autor, que só é capaz de transmiti-la em toda a sua plenitude arquitetônica a partir duma posição externa a ela — e ao fazer isso cria um evento de atividade estética propriamente dita.

A natureza radical da arquitetônica bakhtiniana da atividade estética, aqui descrita com base no material da lírica poética, talvez possa ser dramatizada em comparação com o conceito de "capacidade negativa" comumente associado ao poeta romântico John Keats (1795-1821). Keats parece privilegiar também uma versão de "exterioridade" ao conceber a poesia (e a arte em geral) em termos de transcendência ou negação do eu, a habilidade do poeta — e do herói lírico — de viajar para além de sua própria posição subjetiva, de ser "outro" em relação a seu próprio eu. A capacidade negativa é uma resposta parcial ao romântico fundador William Wordsworth (1770-1850), cuja poesia é caracterizada por Keats em termos daquilo que ele chama de o "sublime egoísta", implicando a identificação do autor e do herói lírico, a dominação do poema e tudo a que ele se refere pelo eu autoral (o estereótipo que de fato tendeu a dominar as concepções da lírica). No mais célebre poema de Keats, "Ode a um rouxinol", o herói lírico não encontra ou não se dirige a outra pessoa, mas deseja que seu próprio eu possa "se dissolver", de modo que ele possa, de algum modo, ocupar a posição consciente do rouxinol (humanidade "externa", "na" natureza):

> Adeus! Adeus! Eu sigo em breve a tua via,
> Não em carro de Baco e guarda de leopardos,
> Antes, nas asas invisíveis da Poesia,
> Vencendo a hesitação da mente e os seus retardos;
> Já estou contigo! Suave é a noite[3].

E mesmo assim persiste apenas um contexto de valor, apenas um determinante do "tom volitivo-emocional" da linguagem; "aqui" e "lá" no poema não são valorativamente marcados de modo específico (como pertencendo ao enunciador e ao destinatário da "Separação" de Pushkin, por exemplo); são preferentemente marcadores para o mundo humano e não humano, para o eu e sua negação ("dissolver-me"), meramente "aqui" e "não aqui"; o "cálido Sul" referido na segunda estrofe também é "ninguém", apenas uma metáfora para vinho, equivalente à invocação de Baco, acima. O "campo arquitetônico interno da visão artística" ("Autor e herói", 212) não é exatamente um campo aqui; ele (quase) se reduz a um ponto concentrado, compreendendo o encontro do herói lírico com seu próprio "não eu", em vez de ser um encontro com um outro. De modo semelhante, o espaço entre o autor-como-*artista* e o autor-como-*herói* (o herói lírico que fala no poema) é um espaço

[3] A. Marsicano; J. Milton, *John Keats – Nas invisíveis asas da poesia*. São Paulo: Iluminuras, 2002, p. 27 [n. do trad.].

apenas de convenção, quase reduzido ao ponto de identificação. De modo geral, permanecemos apenas a uma pequena distância do "sublime egoísta" e longe das arquitetônicas expansivas e inclusivas das reações a reações e eventos dentro de eventos por meio dos quais Bakhtin caracteriza a atividade estética.

ARQUITETÔNICA E FORMA

Não obstante a ausência de marcadores "formais" de superfície da mudança no contexto de valor ou no tom volitivo-emocional a que nos referimos acima, é importante enfatizar que a arquitetônica também denota precisamente a *forma* — mas a forma concebida em termos de reações estruturais "profundas" entre contextos de valor, entre consciências outras que a do autor, em vez de fenômenos puramente superficiais observáveis na trama de determinado texto. Todavia, esses fenômenos de superfície, propriedades formais convencionais, não são negligenciáveis, antes são *também* concebidas como sujeitos ao(s) contexto(s) de valor dos participantes (heróis) ou do criador (autor) do evento estético. O trímetro iâmbico característico da tragédia grega, por exemplo,

> comunica certa unidade de tom a todos os enunciados [dos personagens] [...] expressa uma reação a outra reação — a reação unitária e uniforme, puramente estético-formal do autor as todas as reações realistas opostas dos heróis, ao evento trágico todo em toda a sua inteireza — e assim esteticiza esse evento, *i.e.*, o extrai da realidade (realidade ético-cognitiva) e o enquadra artisticamente ("Autor e herói", 216).

O trímetro iâmbico, convencionalmente considerado um elemento característico formal e autossuficiente da tragédia, torna-se para Bakhtin um momento de forma *arquitetônica*. Realmente, *tudo* na obra estética é um momento da forma arquitetônica: tema, enredo, ironia, sátira — todos escolhidos, manipulados, *presentes* na obra em sua inter-relação com os contextos de valor do autor e dos heróis. E é assim — e não de maneira puramente formal, abstratamente concebida — que eles estão presentes na arquitetônica do evento estético. Por isso, para dizer da maneira mais simples, é inadequado descrever tanto "Separação" quando "Ode ao rouxinol" como "lírica", fazer observações acerca das características da respectiva linha poética de Pushkin e de Keats, ou identificar o uso da metáfora e da alusão — exceto se todos eles forem entendidos como elementos significativos, embora secundários, dentro do campo arquitetônico de visão.

É difícil isolar e ordenar as consequências da arquitetônica para a arte verbal, tão numerosas e fundamentais se revelam. Uma consequência imediata é a *inseparabilidade* axiomática de "forma" e "conteúdo": "O ser humano concreto é um princípio tanto de forma quanto de conteúdo da visão estética — em sua unidade e interpenetração" (PFA 64). Assim como o "conteúdo/sentido" de um ato é inseparável do "evento singular de Ser" (PFA 12), assim também todos os elementos e aspectos formais do conteúdo na obra estética devem ser considerados mutuamente determinantes: quando Bakhtin fala do "tema" de determinada obra, por exemplo, ele está simplesmente afirmando que "o mesmo tema (seu aspecto ético-cognitivo) poderia ser diferentemente encarnado por meio de um herói diferente, situado numa posição diferente em relação ao autor" ("Autor e herói", 224) — mas, com isso, não poderia mais ser o "mesmo" tema: "Deve-se começar uma análise pelo herói, não pelo tema. De outro modo, podemos perder facilmente o princípio de corporificação de um tema por meio de um ser humano como um herói potencial!" ("Autor e herói", 229). Como qualquer outro elemento da obra artística, o tema é contingente em relação à dinâmica arquitetônica do evento estruturado em torno dos contextos de valor de seus heróis, uma vez que é esteticamente finalizado por seu autor.

Essa ideia é enfatizada e ampliada pelo quase casual reconhecimento bakhtiniano de que o autor é não apenas a consciência que ocupa uma posição de radical exterioridade em relação aos heróis do evento estético — não sendo, portanto, o único "criador de forma" ("Autor e herói", 22). Também o *leitor* é externo aos contextos de valor dos heróis, ao "campo arquitetônico interno da visão artística" ("Autor e herói", 212); o leitor contribui com seu próprio "contexto *ativo* [propriamente estético] axiologicamente fundante" ("Autor e herói", 212) para influenciar nesse campo — e ele também "abrange" os contextos de valor dos heróis, integrando e formatando o evento de seu ser "dentro de um todo arquitetônico concreto" ("Autor e herói", 212) — não menos que o autor. O elemento formal criado ou selecionado pelo autor — trímetro iâmbico, discurso direto etc. — fica, assim, em posição secundária relativamente à forma *arquitetônica* criada pelo autor e pelo leitor; afirmar que o leitor, que não desempenha papel algum na *composição* da obra, possa ser o criador-sujeito da atividade estética em extensão não inferior ao autor é a mais eloquente expressão da valorização bakhtiniana da arquitetônica, acima da forma "composicional" ou de mera "superfície".

Essa insistência na primazia da forma arquitetônica profunda sobre a forma composicional, de superfície, será um fator-chave nos escritos de Bakhtin durante sua carreira, sem que isso, porém, implique desconsideração pelos gêneros ou modos familiares e convencionais de produção literária. Assim como o elemento formal específico ou isolado se submete à dinâmica do evento arquitetônico (o encontro dos contextos de valor do autor e dos heróis), assim também, num nível mais geral, os modos de literatura — o drama como tal, a tragédia, a poesia lírica, a prosa narrativa — são ou condicionados pela dinâmica da forma arquitetônica, ou receptivos em medida variável a sua corporificação e apresentação estética. Naquilo que Bakhtin chama de lírica "pura" (uma categoria à qual, ele insiste, "Separação", de Pushkin, não pertence realmente, embora a "Ode ao rouxinol", de Keats, possa ter uma maior aproximação com ela), pode-se ver que o autor "está ausente, que ele se funde com o herói ou, reciprocamente, que não existe o herói e só o autor está presente"; no entanto, mesmo aqui, "em cada palavra pode-se ouvir uma reação a uma reação" ("Autor e herói", 218), embora a forma lírica frequentemente deixe reações "insuficientemente desenvolvidas" ("Autor e herói", 223). O perfil arquitetônico da lírica, porém, é fundamentalmente diferente do perfil da épica narrativa, na qual o discurso indireto dos heróis deve, por vezes, dominar o tom volitivo-emocional do conjunto, mediado apenas pela capacidade de o autor expressar, "no tom da transmissão, sua própria relação com as palavras do herói, [...], por exemplo, ironicamente, com surpresa, entusiasticamente, em um tom épico profundamente calmo etc." ("Autor e herói", 217). De modo semelhante, em biografia, a arquitetônica da contemplação estética do autor do sujeito biografado e das pessoas em torno dele pode ser muito claramente discernida; mas até quanto se trata de autobiografia, onde, de modo semelhante à lírica, o herói "coincide enquanto ser humano com o autor *enquanto ser humano* [...] o herói de uma obra jamais pode coincidir com o autor — o *criador* dessa obra, porque, de outra maneira, não teríamos uma obra de arte enquanto tal" ("Autor e herói", 222). Mesmo em autobiografia, o evento do encontro entre o autor e o herói tem um perfil arquitetônico sutil: mesmo aqui, "o *eu-para-mim mesmo* (minha relação comigo mesmo) [não] representa o momento ordenador, constitutivo da forma [arquitetônica]" ("Autor e herói", 151).

... DA ARTE PARA A VIDA

Portanto, o modelo bakhtiniano da arquitetônica do evento traz implicações profundas para a literatura e a estética, que dominarão todo o restante da própria vida de Bakhtin. De fato, esse modelo tem implicações ainda mais profundas para nossa compreensão e percepção da "vida" em si, que não se pode dizer esteja "fora" da arte e da literatura em nenhum sentido relevante. Arte e vida emergem como fundamentalmente, até mesmo radicalmente, *interdependentes*. E tal interdependência pode ser abordada e entendida de duas formas específicas. Primeiro, em termos do sentido talvez paradoxal segundo o qual é *só* mediante a atividade estética que as relações eu-outro do "evento vida" podem ser acessadas em sua unidade interdependente e interpenetrante: a arte e a literatura especialmente facilitam um tipo de acesso privilegiado ao "evento do ser", reprocessando-o como o "evento consumado [finalizado] de uma vida específica" ("Autor e herói", 230). Mais tarde, Bakhtin reformulará esse ponto importante em sua insistência de que a literatura — o romance especialmente — representa um "laboratório de criação"[4], no qual a arquitetônica do evento pode ser encarada sob as condições de acabamento artístico, mas não real.

Na vida, podemos estar situados numa posição de exterioridade em relação ao outro com o qual interagimos — por meio da contemplação, da identificação, antes do necessário "retorno para dentro de si mesmo" (PFA 14) para a "objetivação" provisória do outro. Mas não estamos situados externamente a esse processo de interação em sua inteireza, como é o caso do autor no processo literário. No primeiro caso, a relação eu-outro é "vivida", experienciada; isso também envolve um grau de atividade estética, mas a atividade estética não pode ser a dominante da experiência vivida sem a perda de seu senso crucial de realidade concreta, de sua singularidade única. No segundo caso, a apreensão literária de uma relação eu-outro da qual o autor participa apenas como autor (ou da qual o leitor participa apenas como leitor), a estetização acontece — acontece necessariamente — sem a estetização da experiência concreta, real, vivida, singular dos protagonistas dessa relação eu-outro, os heróis da obra literária. A função da arte e da literatura, Bakhtin chega quase a dizê-lo, é entrar e sair da "vida", finalizando e representando o evento vivido em sua complexidade arquitetônica (uma combinação de estrutura e fluxo); unicamente por meio da arte — melhor, por meio da atividade estética — a experiência vivida pode ser apreendida na plenitude tanto de seu sentido de conteúdo quanto de sua eventicidade fundamental.

O segundo modo pelo qual a interdependência entre arte e vida pode ser entendida tem implicações e inquietações ainda mais radicais não para o "campo interno" da experiência humana enquanto tal, e sim para a natureza de nossa compreensão daquilo que ocorre na "vida" ou no "mundo" que *não* seja ostensivamen-

---

4 Isso aparece numa rápida nota, ainda em russo apenas, intitulada "K stilistike romana" ["Para uma estilística do romance"].

te centrado na experiência humana. No texto "O autor e o herói na atividade estética", Bakhtin de fato introduz sua análise do poema "Separação" de Pushkin com uma passagem absolutamente notável, perpassada de natureza, geografia e história, e invoca até mesmo a ciência que parece ter sido mandada para o lixo do conhecimento "abstrato", "teorético" no início de *Para uma filosofia do ato responsável.* A geografia, por exemplo (e num paralelo meio inesperado com "Ode a um rouxinol"), não conhece "perto e longe, aqui e lá; isso é desprovido de qualquer padrão axiológico absoluto dentro de sua totalidade escolhida (a terra)" ("Autor e herói", 28). A história, de modo semelhante, "não conhece passado, presente e futuro; ela não conhece tempo curto ou longo, nem 'há muito tempo atrás' ou 'recentemente' — como momentos não conversíveis ou absolutamente únicos" ("Autor e herói", 208). Em cada caso, isso ocorre porque apenas o "padrão axiológico" ou o "centro de valor" que podem imbuir tais conceitos — ou, não há dúvida, todo pensamento — de sentido é o *ser humano finito (mortal).* "História e geografia", portanto, "são invariavelmente estetizadas em algum grau" ("Autor e herói", 208); em outras palavras, o conhecimento que elas produzem, até mesmo o conhecimento mais aparentemente técnico, empírico ("distância", por exemplo) têm de ser arquitetonicamente estruturados, referidos à experiência de vida dos seres humanos reais, concretos. Para voltar ao poema de Pushkin, "Rússia" e "Itália" são nomes para entidades geográficas, nacionais, culturais, mas se tornam "distantes" ou "estrangeiras" ou uma "pátria" somente no campo arquitetonicamente estruturado da interação humana. "Do ponto de vista físico-matemático", segue Bakhtin, "o espaço e o tempo da vida dos seres humanos constituem apenas segmentos insignificantes de um espaço e tempo infinitos" ("Autor e herói", 208); a ciência, como vimos em *Para uma filosofia do ato responsável,* pode produzir juízos teoréticos e dados empíricos perfeitamente válidos dentro do domínio da ciência, mas que só adquirem *sentido* quando trazidos para o campo axiológico do humano — ou, para dizer com mais acurácia, de seres humanos concretos, encarnados. Então, até mesmo a palavra "insignificante", insiste Bakhtin, "já possui um sentido estético" nesse contexto ("Autor e herói", 208). O quadro teórico da ciência não pode relacionar "insignificância" com a infinidade de espaço e tempo; só a consciência humana, informada de sua própria finitude, de sua limitação, pode conceber-se a *si mesma* como "insignificante". A consciência científica também não está inteiramente isolada da contemplação *estética*.

Este último ponto pode ser exemplificado com a retomada de "Separação", de Pushkin, poema no qual o herói lírico reevoca a "terrível angústia da separação" e retribui às tentativas de sua amante para aplacá-lo como a seguir:

> Você disse: "No dia de nosso encontro
> À sombra de oliveiras,
> Sob um céu eternamente azul
> Nós mais uma vez, meu amado, uniremos nossos beijos de amor".

O comentário de Bakhtin insiste:

> A natureza participa também desse todo, participa do evento que o todo constitui. A natureza aqui é animada e trazida ao mundo da gratuidade humana [...] o céu eternamente azul — a eternidade do céu é correlacionada em termos de valor com uma vida humana que é determinada (delimitada) ("Autor e herói", 214-215).

A natureza determinada e delimitada da existência humana é enfatizada pelo fato de que a amante agora está morta e a reunião jamais terá lugar: não haverá beijo algum "sob um céu eternamente azul". E ainda:

> Em correlação com o tempo "corporificado" ou consolidado da vida humana, o tempo e espaço artísticos, não convertíveis e estavelmente arquitetônicos, adquirem uma tonalidade volitivo-emocional e incluem [...] eternidade e extratemporalidade, [...] e infinitude ("Autor e herói", 208-209).

Como Bakhtin escreverá posteriormente, "até mesmo o sol, mesmo permanecendo fisicamente o mesmo, mudou porque começou a ser conhecido pela testemunha e pelo juiz" (N70 137). Tempo, espaço, matéria — os objetos próprios de um conhecimento abstrato, teorético — só adquirem sentido no quadro de "gratuidade humana"; o entendimento deles também — até de "eternidade" — deve ser arquitetonicamente estruturado *do mesmo modo* como o entendimento da "experiência vivida" do evento da vida. A atividade estética, a contemplação estética, é um *universal* do processo de compreensão humana. E é mais clara e mais extensamente apreensível ou "visível" no campo da arte; está, contudo, presente e é necessário para compreender, também "na vida" — e em todos os campos especializados da vida, incluindo os domínios ostensivamente "teóricos" da ciência e da tecnologia.

RESUMO

O modo de se expressar estritamente filosófico das obras iniciais de Bakhtin dá lugar em "O autor e o herói na atividade estética" à consequência de que a literatura e o estudo literário são necessariamente a elucidação do programa filosófico de Bakhtin; a filosofia não está, contudo, de todo deslocada, mas atrelada a um tipo muito específico de investigação literária — que tem consequências imediatas para a concepção bakhtiniana explícita e implícita de como as ciências humanas em geral devem ser abordadas e entendidas. A expressão de Bakhtin de seu modelo de relações sujeito-objeto ou eu-outro em termos de relacionamento entre um *autor* e um *herói* também iluminam sua concepção do relacionamento entre literatura (arte) e vida, de modo a aprofundar nossa compreensão do conceito de inacabamento. Se o evento de ser é definitivamente infinalizável "na vida", a literatura (ou um tipo particular de literatura) é capaz de aparecer para finalizar seus objetos provisória ou contingentemente, sem fixá-los ou exauri-los de maneira antagônica ou "anular" sua eventicidade. Essa é para Bakhtin uma estética privilegiada, que subsume, sem destruir, a dimensão ética do encontro com o outro — a "capacidade única" da atividade estética em termos bakhtinianos. Essa nova forma de análise literária tenta discernir no texto a arquitetônica do evento, as relações entre o autor e o herói como "centros de valor" e as relações com o mundo de objetos e ideias distribuídos em torno deles. A arquitetônica da forma literária — como oposta aos marcadores formais "composicionais", de "superfície" — se torna o cerne do programa bakhtiniano e permanecerá presente e definitivamente em cada fase subsequente de seu desenvolvimento.

5

TRANSLINGUÍSTICA

Temos enfatizado desde o início em que medida as contribuições posteriores de Bakhtin aos estudos literários e culturais emergem dos modelos esboçados em sua obra filosófica anterior e, ao mesmo tempo, os desenvolvem — temos, em outras palavras, uma insistência na *continuidade*. Um dos propósitos centrais deste livro é, de fato, promover a compreensão de conceitos mais familiares, como carnaval e heteroglossia, situando-os no contexto de conceitos menos familiares (por exemplo, eventicidade e inacabamento). Também é importante, porém, que a ênfase na continuidade não venha a acarretar muito fortemente uma qualidade estática, imutável em Bakhtin (como muitos comentadores concluíram), no sentido específico de que tudo estaria "lá" desde o princípio. Isso seria, como já vimos em linhas gerais, o oposto da força motora central de seu pensamento, que concebe o pensamento e o sentido em sua eventicidade viva, evolutiva, eternamente aberta — "dialogicamente", como mais tarde o diremos.

Realmente, em muitos aspectos, o Bakhtin posterior é irreconhecível tanto na expressão quanto nos interesses temáticos de *Para uma filosofia do ato responsável* e "O autor e o herói na atividade estética". A razão-chave, senão exclusiva, para isso é que algo de fundamental ocorreu a Bakhtin e a seu pensamento no decorrer dos anos 1920, como consequência de fatores tanto gerais quanto, ao mesmo tempo, intensamente pessoais. O pensamento inicial de Bakhtin implica em todos os seus pontos a necessidade — e, portanto, dramatiza a ausência — de uma teoria da linguagem. Contra o pano de fundo da preocupação crescente do pensamento europeu com o problema da linguagem, essa teoria emerge — mas em obras publicadas por Valentin Voloshinov, amigo e colaborador de Bakhtin desde os tempos de Nevel e Vitebsk. Mesmo aquela que veio a ser conhecida como a teoria "bakhtiniana" da linguagem (discurso), por ter surgido de um irrecuperável processo de troca dialógica entre Bakhtin, Voloshinov e o ambiente intelectual mais amplo, imediatamente se posiciona não no fluxo principal do pensamento sobre a linguagem, mas às suas margens, submetendo a linguística e a filosofia da linguagem à mesma crítica antiteórica originalmente voltada contra as tendências geralmente abstratas de todo pensamento racional, "científico". Os termos e a importância da teoria bakhtiniana da linguagem darão forma ao foco principal deste capítulo; mas antes examinaremos rapidamente as circunstâncias das quais ela surgiu.

BAKHTIN, VOLOSHINOV E A VIRADA LINGUÍSTICA

Um dos efeitos da "crise da filosofia" que identificamos no capítulo anterior passou a ser conhecido como a "virada linguística", visível tanto na própria filosofia [por exemplo, na obra de Ludwig Wittgenstein (1889-1951)] e na emergência — e transformação — da disciplina da linguística. A base para a linguística como disciplina ao final do século XIX consistiu em uma abordagem amplamente etnográfica, na busca do estudo comparativo de diferentes línguas em seu desenvolvimento histórico. A primeira parte do século XX, na Rússia e em toda a parte, viu surgir gradualmente uma abordagem formalista da linguagem, que buscava entender dada língua — e a linguagem em geral — como um sistema composto de elementos fixos e variáveis e que, desse modo, mudava seu foco do desenvolvimento histórico para a "lógica" interna da língua como um sistema. O *Curso de linguística geral,* de Ferdinand de Saussure, publicado postumamente em 1916, representa o ponto no qual a nova linguística formal (ou, posteriormente, "estrutural") começou a alcançar preeminência e catalisou a emergência da linguística como uma "ciência" em si mesma. O *Curso de linguística geral,* de Saussure, também exerceu forte influência sobre a teoria linguística na Rússia, que já se desenvolvera em uma direção predominantemente formalista com a obra de Filipp Fortunatov (1848-1914) e de Jan Baudouin de Courtenay (1845-1929), uma tendência que se acelerou depois de 1915 com a fundação do Círculo Linguístico de Moscou (entre cujos membros estava Roman Jakobson, 1896-1982).

Saussure também teria um impacto menos direto, mas nem por isso menos profundo, sobre os estudos literários na última parte do século XX, fornecendo, em sua definição do signo linguístico, um modelo-chave para o estudo da literatura pela metodologia da linguística — e, sem que se percebesse, a base para a desconstrução filosófico-literária de Jacques Derrida. Tal fertilização cruzada entre os estudos literários e a linguística tornara-se um fato da vida intelectual na Rússia bem antes: ali pelos inícios dos anos 1920, mediante uma interação criativa entre o Círculo Linguístico de Moscou e um grupo de acadêmicos predominante literários de São Petersburgo/Petrogrado/Leningrado conhecido como *Opoiaz* (Sociedade para o Estudo da Linguagem

Poética), abordagens abertamente linguísticas do estudo da literatura — e, sem dúvida, de muitos outros fenômenos culturais e sociais — tornaram-se uma tendência significativa, para não dizer dominante. Uma aliança informal entre o linguista Jakobson e os críticos literários Iurii Tynianov (1894-1943), Viktor Shklovsky (1893-1984) e Boris Eikhenbaum (1894-1959) buscou especificamente, pelo menos em sua fase inicial, as implicações de uma "linguagem poética", memoravelmente resumida na definição de Jakobson da poesia (literatura) como "linguagem em sua função estética" (Jakobson, 1979: 305). A ideia "formalista" de que uma obra literária poderia ou deveria ser abordada fundamentalmente em termos de seu perfil linguístico — de seu "estilo" linguístico a seus padrões rítmicos — era uma contraforça poderosa tanto para as formas mais tradicionais de ensino de literatura — que tendiam a encarar a obra primariamente em termos da psicologia de seu autor — como para as abordagens nascentes e ainda muito relativamente marxistas favorecidas pelo governo soviético, que tentavam enfatizar a proveniência social da obra literária individual e a função social da literatura em geral. Linguagem e linguística iam ocupando cada vez mais não apenas porções do território abandonados pela filosofia como tal, mas, ao fazer isso, ameaçavam também revolucionar o estudo da literatura.

É de se notar nesse contexto que Bakhtin, no processo de sua própria transição da filosofia para a literatura, tenha resistido inicialmente aos clamores da linguística. Na época em que estava "concluindo" "O autor e o herói na atividade estética", ele esboçou uma crítica acerba contra o formalismo em literatura e linguística em sua obra (àquela época ainda) inédita. "O problema do conteúdo, do material e da forma na arte verbal" (por fim publicado em russo em 1975, com tradução inglesa em 1990). Há dois pontos principais nessa crítica. O primeiro ponto é o perigo de a linguística tentar *substituir* a estética, subsumir inteiramente a análise literária em suas metodologias próprias. Exemplo disso são os maiores formalistas aos quais nos referimos, mas mais poderosamente os linguistas Viktor Zhirmunskii (1891-1971) e Viktor Vinogradov

(1895-1969); eles, de fato, encararam o formalismo literário como uma exemplificação relativamente fraca do que a linguística poderia fazer pelo estudo literário. Como Bakhtin escreve,

> a poética se agarra fortemente à linguística, com receio de dar mais que um único passo para longe dela (no caso da maioria dos formalistas e de V. M. Zhirmunskii) e, às vezes, até lutando abertamente para se tornar sua única divisão (no caso de V. V. Vinogradov).
> Para a poética, assim como para qualquer estética especializada, na qual seja necessário levar em conta a natureza do material (no presente caso — verbal), assim como para os princípios estéticos gerais, a linguística é naturalmente necessária como disciplina subsidiária; mas aqui ela começa a ocupar uma posição principal completamente inadequada, quase exatamente a posição que deveria ser ocupada pela estética geral (PCMF 261).

O segundo ponto é que a linguística está condenada, por seu caráter fundamentalmente *abstrato*, a conceber a linguagem (para não falar da literatura) em termos que tomamos, mais uma vez, em empréstimo de *Para uma filosofia do ato responsável* como algo "determinado, predeterminado, ultrapassado e acabado que é, essencialmente, não vivente" (PFA 9). Mas a estocada principal da posição de Bakhtin é clara: a linguística em geral — e a linguística abstrata especialmente — é *subsidiária* da estética, e deixou de ser adequada à concepção bakhtiniana de "atividade estética", tanto quanto todos os "teoreticismos" rejeitados em *Para uma filosofia do ato responsável.*

Contudo, é nesta obra publicada sob o nome de Voloshinov que a primeira objeção de Bakhtin ao império nascente da linguística é substancialmente refinada e a segunda é desenvolvida numa alternativa de grande escala às reivindicações da linguística formal. No artigo "Discurso na vida e discurso na arte" (1926) e, especialmente, na monografia *Marxismo e filosofia da linguagem* (1929), Voloshinov não apenas constrói as bases de uma linguística superior para aquilo que ele chama de "língua viva" (MFL 293), como também "traduz" elementos do modelo filosófico bakhtiniano inicial das relações eu-outro (arquitetônica) em um novo modo de expressão. Por sinal, precisamos ressaltar que é completamente irrelevante se isso é visto primariamente em termos da teoria de Bakhtin dando nascimento ao modelo (sócio)linguístico de Voloshinov, ou se é Voloshinov infundindo à teoria anterior um elemento crucial que lhe faltava; de todo modo, e qualquer que seja a mecânica do processo de autoria, essas obras representam o encontro criativo e imensamente produtivo de duas consciências distintas — e são, portanto, corporificações concordantes da posição teórica *dialógica* que expressam.

SAUSSURE (1857-1913)

O *Curso de linguística geral* (1916), de Saussure, tem uma origem mais problemática até do que a de algumas obras de Bakhtin, tendo sido composto a partir de notas de leitura feitas por seus alunos, Charles Bally e Albert Sechehaye, e publicado postumamente, três anos depois de sua morte. Contudo, ele transmitiu três princípios centrais para os estudos linguísticos posteriores, cada um quais importante em um sentido *negativo* para Bakhtin e Voloshinov.

Primeiro e mais fundamentalmente, ele propõe uma diferenciação conceitual entre a linguagem enquanto tal (*langage*), determinado sistema linguístico ou uma língua nacional (*langue*) e a língua em seu uso prático, comumente atos de fala (*parole*). A conclusão de Saussure acerca disso tudo é que apenas a *langue*, um sistema de normas, pode ser objeto de uma metodologia científica, enquanto atos de fala (*parole*) isolados e heterogêneos devem ser tidos como secundários. Saussure enfatiza mesmo a natureza social da linguagem, mas também situa isso como um aspecto da *langue*. Para ele, a *parole* não pode ser o objeto primário da linguística.

Segundo, Saussure nomeia essa ciência como "semiologia" — o estudo dos signos — e passa a esboçar uma teoria do signo (verbal), composto de duas partes inseparáveis: o "significante", a palavra ou som usados língua, e o "significado", o conceito que ele significa. Aquilo a que o signo se refere, o objeto ou o fenômeno no mundo real, como um gato, a morte, ou a velocidade, Saussure o chama de o "referente" — mas insiste: a relação entre o signo e seu referente ultrapassa o escopo da linguística, impondo com isso uma limitação ulterior em sua capacidade de se engajar no social.

Terceiro, Saussure não insiste apenas na distinção entre análise *diacrônica* da língua em seu desenvolvimento no tempo e análise *sincrônica* de determinado sistema linguístico em determinado ponto do tempo. Ele também insiste, de acordo com sua valorização da *langue* em detrimento da *parole*, que é a língua como sistema sincrônico que deve ser o objeto primário dos estudos linguísticos.

A crítica de Voloshinov se estrutura em torno da identificação de duas tendências opostas — e falaciosas — em teoria linguística. O *subjetivismo individual* — com origem na obra de Wilhelm von Humboldt (1767-1835) e continuação em Karl Vossler (1872--1949) — sustenta que a linguagem é essencialmente um produto da consciência individual, uma expressão criativa; a língua como "sistema" é aqui um construto secundário, uma codificação meramente necessária para o estudo. Por outro lado, o *objetivismo abstrato* insiste em que a língua é "um sistema fixo de formas linguísticas normativamente idênticas", sujeito a leis objetivas, em relação às quais o discurso individual é uma variação mais ou menos contingente (MFL 270). Voloshinov se interessa especialmente por estas últimas tendências, que chegaram a dominar tanto o pensamento russo quanto o ocidental sobre a língua, por conta amplamente da clareza sistemática a elas infundida por Saussure, seu proponente de maior destaque. A teoria saussuriana confirmou a afirmação do objetivismo abstrato sobre a primazia do "entendimento" sobre a "fala" (MFL 272) e sobre a relação essencialmente *passiva* do(a) falante com a língua que ele(a) fala (MFL 274). Sem recair na armadilha de conceber a pessoa do(a) falante como inteiramente autônomo(a), a ponto de meramente se expressar por meio da língua (subjetivismo individual), Voloshinov insiste em que a "consciência subjetiva da pessoa falante, em sentido algum, funciona com a língua como um sistema de formas normativamente idênticas", porque um sistema assim é essencialmente uma *abstração* (MFL 281). Ele busca opor a essa abstração um sentido de língua como prática concreta, histórica, social, à qual ele se refere alternativamente como simplesmente uma "interação de discurso" (MFL 312-313), ou "a realidade viva, visível da língua" (MFL 298) — ou simplesmente "a palavra" (*slovo*). O "sistema fechado", abstrato da língua (MFL 271) é contrabalançado pela concepção da "compreensão histórica viva", da "língua viva" (MFL 293-294). Tal concepção de língua tem quatro aspectos-chave inter-relacionados, cada um dos quais respondendo, de certa maneira, a Saussure e às hipóteses do objetivismo abstrato: uma teoria do *enunciado* como a unidade fundamental do estudo (trans)linguístico, oposta às unidades formais da língua tais quais concebidas pela linguística (do fonema à frase); uma teoria do *social*; uma teoria do *signo*; e, por fim, uma teoria da *consciência*. Passemos a examinar cada um desses quatro elementos, um por vez, assinalando os modos pelos quais a teoria de Voloshinov reafirma e reorienta a arquitetônica bakhtiniana das relações eu-outro — e suas implicações para a literatura — na medida em que avançamos.

A ENUNCIAÇÃO

No cerne da linguística alternativa — ou translinguística — de Voloshinov, está o conceito de *enunciado* como o "centro verdadeiro da realidade linguística" (MFL 278), oposto às unidades da linguística "abstrata", do fonema à frase. Em outras palavras, seu objetivo é diametralmente oposto ao de Saussure: a *parole* — o discurso vivo — é o objeto primário da translinguística. O enunciado, ou o "enunciado concreto" (DVDA 73), é uma realização — ou ato de fala — determinada não apenas pela intenção do falante, mas pela situação concreta na qual o enunciado se dá — e, crucialmente, por sua orientação para um ouvinte, que ocupa o mesmo contexto ou situação "extraverbal" (DVDA 11-12; MPL 313). O enunciado está sempre "*voltado para um interlocutor*" (MFL 301), não um interlocutor imaginário nem abstrato, mas uma pessoa concreta, que pode ser mais ou menos conhecida do falante, que pode ocupar uma posição superior ou inferior numa hierarquia profissional ou social, e assim por diante. Portanto, o sentido do enunciado não é determinado pelo sentido abstrato das palavras selecionado pelo sistema da língua, ou pela simples intenção expressiva do falante, mas pela totalidade dos elementos — verbais e extraverbais — presentes na "situação de fala". De maneira semelhante, a forma do enunciado não é inteiramente determinada pelo falante, é antes um produto do processo concreto de "interação verbal".

SLOVO — "A PALAVRA" — DISCURSO

As traduções da obra de Bakhtin e de Voloshinov precisaram encarar as dificuldades específicas apresentadas pelo termo *slovo*, criticamente importante e preponderante. Sua acepção comum é "palavra", mas, visto que o termo é usado para enfatizar a distância de princípios entre uma translinguística bakhtiniana e a linguística "abstrata" à qual ela se opõe, os tradutores por vezes a vertem — mais notadamente no título de "O discurso no romance" — como "discurso", um termo que entra para o léxico dos estudos linguísticos muito mais tarde, exatamente para assinalar a prioridade da língua tal como ela é usada de um ponto de vista prático. "Discurso", como o original, *slovo*, quer significar língua viva, em oposição às abstrações da linguística.

O enunciado é, portanto, um momento ou exemplificação de um processo incessante de interação verbal, imune a alguns problemas pertinentes às unidades da linguística "abstrata", tais como as frases, que só podem se relacionar umas com as outras em um processo mecânico de agregação; o enunciado está diretamente relacionado, em maior ou menor proximidade, a todos os outros enunciados: "Ele é apenas um elo na cadeia contínua da realização discursiva" (MFL 287). Isso é válido para um enunciado feito no decorrer de uma conversação, cujo perfil formal e semântico seja rigorosamente determinado pela situação de discurso imediata e pelo enunciado imediatamente contíguo que precede o enunciado em questão; também é válido para uma réplica individual em um diálogo de uma obra literária, que não só ocorra numa rede de outros enunciados dentro da obra — os enunciados de outros personagens e do autor —, mas que também se relacione com enunciados similares em outras obras literárias e seja por eles parcialmente determinado — e enunciados "similares" para além do domínio literário. De fato, o livro é para Voloshinov simplesmente um "enunciado impresso" (MFL 312) e deriva seu sentido e perfil formal tanto de seu contexto *literário* — outros livros, "enunciados impressos" semelhantes e diversos — e, como todo enunciado de qualquer tipo, de seu "contexto extraverbal". Em ambos os casos — no que diz respeito ao enunciado "na vida" e ao "enunciado impresso" (literário ou de qualquer outro tipo) — a característica definitiva do enunciado é que ele é concreto, logo, oposto ao abstrato, ele é um momento no "evento de ser", ou como Voloshinov o diz, de maneira memorável, ele é o "roteiro" de um evento (DVDA 74):

> A situação extraverbal, portanto, não é simplesmente uma causa externa do enunciado, ela não age sobre ele desde fora, como uma força mecânica. Não, *a situação entra no enunciado como parte constituinte necessária a sua composição semântica* [...] A vida [...] não age sobre o enunciado desde fora: ela o permeia a partir de dentro (DVDA 12, 18).

O enunciado é, em síntese, o meio pelo qual a estrutura arquitetônica das relações interpessoais, na vida ou na literatura, se torna perceptível em sua eventicidade.

Voloshinov oferece um exemplo concreto concentrado e assustadoramente simples, desenhado para exemplificar não apenas as implicações de sua concepção de enunciado, mas também as limitações fatais do objetivismo abstrato ao qual o exemplo se opõe. Duas pessoas estão sentadas numa sala: uma diz simplesmente "bem"; a outra nada responde. Tomada isoladamente, a palavra "bem" não pode ter sentido algum para ninguém que não esteja realmente presente no momento em que ela é falada. O "enunciado" aqui é artificialmente apresentado como isolado da situação extraverbal que o determina e que abrange, nos termos mais simples, a relação entre as duas partes da conversa e o contexto no qual ele acontece. Nem o dicionário nem qualquer nível de análise linguística formal facilitarão acesso ao sentido do enunciado; na realidade, a análise tem de *começar* onde o enunciado verbal acaba. O contexto extraverbal consiste no horizonte espacial compartilhado pelo falante e pelo ouvinte, em sua compreensão e conhecimento compartilhados da situação e — embora esse nem sempre seja o caso — em sua avaliação compartilhada da situação. Na realidade, as partes dessa conversação minimalista fizeram apenas olhar pela janela e perceberam que, embora já estivessem no mês de maio, a neve ainda caía. Seu desapontamento *compartilhado* determina diretamente o enunciado, como Voloshinov afirma, "verbalmente não marcado, não proferido" (DVDA 11):

> Os flocos de neve permanecem do lado de fora da janela; a data, no calendário; a avaliação, na psique do falante; e, não obstante, tudo isso está implicitamente entendido na palavra "bem" (DVDA 11).

O enunciado *pode* ser considerado — para os propósitos da análise linguística, por exemplo — como algo isolável de seu contexto, logo, como algo "morto" (MFL 287); mas isso é mera "abstração", chamada por Voloshinov de "enunciado monológico, acabado" (MFL 287), algo que pode ser considerado *como se* fosse produto de uma única consciência ou *como se* fosse a exemplificação desprovida de sentido de um sistema de possibilidades linguísticas puramente abstrato. Mas isso é ficção. Até mesmo o enunciado "monológico", incluindo a obra escrita, *de fato* "responde a algo e está orientado por sua vez para uma resposta" (MFL 287). Ele não pode ser isolado de seu contexto, verbal e extraverbal, sem perder inteiramente o sentido. Apenas o material verbal de um enunciado, monologicamente entendido, isolado de seu contexto extraverbal, pode ser objeto de uma linguística dessas.

O que existe para além do enunciado e que, ao mesmo tempo, é *imanente* a ele — seu contexto extraverbal — também deve ser um elemento integral do objeto de estudo. E esse contexto extraverbal, como já começamos a ver em microcosmo, mas de uma maneira que a arquitetônica bakhtiniana inicial do evento não (busca) explicitar, é um fenômeno fundamentalmente *social*.

O SOCIAL

Voloshinov chega a dizer: a ideia fundamental de *Marxismo e filosofia da linguagem* é o "papel produtivo e a natureza social da enunciação" (MFL 219):

> A enunciação concreta (enquanto oposta à abstração linguística) nasce, vive e morre no processo da interação social dos participantes na enunciação. [...] Se a enunciação for arrancada desse solo real, nutriente, perderemos a chave tanto de sua forma quanto de seu sentido (DVDA 17).

Em termos da situação "de vida" limitada que acabamos de observar, na qual o "horizonte" imediato da enunciação é o espaço fechado no qual os participantes estão situados, a natureza social da enunciação é manifesta, sobretudo, pela entonação — um fenômeno social "*por excelência*" (DVDA 69). A entonação "*se encontra no limite entre o verbal e o não-verbal, entre o dito e o não-dito*" (DVDA 69) e, crucialmente, apresenta uma "*orientação social dupla*" (DVDA 72), voltada para o ouvinte, mas também para o objeto do enunciado — em nosso exemplo, a neve, a natureza ou a situação ambiente. O ouvinte — cujo papel é subestimado ou até mesmo ignorado tanto pela linguística objetivista abstrata quanto pela linguística subjetivista individual — está referido ao falante não simplesmente como um indivíduo, mas como um representante de uma classe social, como alguém que está mais próximo ou mais distante do falante, mais velho ou mais novo etc. — e isso também traz um horizonte mais extenso (ou um conjunto de horizontes) à situação de fala. Esse é, ao mesmo tempo, um "território interindividual" (MFL 225) e um território definitivamente social, um conjunto de avaliações sociais sendo corporificadas em cada participante; as palavras ditas são "uma ponte entre mim e o outro", mas também, ao mesmo tempo, uma ponte entre a "situação social imediata" e o "ambiente social mais amplo", que determina a estrutura do enunciado não "de fora", mediante alguns processos indefiníveis de "influência" ou causalidade mecânica, mas *de dentro*. Forças e avaliações sociais não são extrínsecas à troca "interindividual". Elas são mesmo é intrínsecas às pessoas e à situação dessa troca. De fato, a teoria da enunciação de Voloshinov postula a insustentabilidade de toda distinção estável entre o intrínseco e o extrínseco: avaliações sociais não atuam sobre o falante — ou o ouvinte, ou sobre a situação de fala — desde fora, antes, são corporificadas e atuam nos enunciados produzidos na situação.

Quando a enunciação em questão não é produzida na conversação e sim, por exemplo, em uma "enunciação impressa", como um livro, a "dupla orientação" do falante — ou seja, do autor — torna-se tanto mais complexa, dado que o "objeto" da enunciação do autor pode muito bem ser a neve ou a natureza —, mas também será comumente o personagem ou "herói" que vimos em "O autor e o herói na atividade estética" e que reaparece na análise (trans) linguística de Voloshinov. O "ouvinte" da enunciação da vida real se transforma no "leitor" da obra literária, e a enunciação passa a ser "a expressão da interação social de três pessoas" (DVDA 72). A enunciação literária não é menos social que a enunciação "em vida"; de fato, ela é mais exaustiva e profundamente social. O contexto *verbal* da obra literária consiste de outras formas e obras literárias, mas também dos produtos do ambiente crítico e de miríades de formas de discurso *não*-literário; o contexto *extraverbal,* entretanto, consiste na matriz das avaliações sociais que circundam o autor, o leitor e os personagens da obra, cada um dos quais trazendo seu próprio "horizonte" complexo como componente desse contexto. A obra literária, ao encenar e corporificar o encontro de (pelo menos) três consciências, encena e corporifica também o encontro dos mundos sociais nos quais essas consciências são formadas: a obra literária, mais do que, de algum modo, desviar do encontro social vivo de pessoas reais, é de fato um mecanismo sofisticado para uma série mais complexa de encontros sociais. Ela é

> *poderoso condensador de avaliações sociais não-ditas*: cada palavra [na obra literária] está saturada delas. E essas mesmas *avaliações sociais organizam a forma artística* como sua *expressão não-mediada* (DVDA 76).

A natureza *imanentemente* social da enunciação é enfatizada com referência ao processo literário, no qual o ouvinte (leitor) já faz parte da estrutura arquitetônica da obra como participante ativo dela. O ouvinte/leitor não pode ser identificado com o "público" (ou os "críticos"); de fato, se um autor leva conscientemente em conta (DVDA 83) um público geral, a estrutura arquitetônica da relação autor-herói-leitor se rompe e a obra "se degrada na dimensão social mais inferior" (DVDA 83). Com isso Voloshinov está dizendo que ela se torna mecanicamente determinada pela percepção das forças sociais próprias a um autor. A forma arquitetônica determina, por outro lado, que o ouvinte — e, portanto, a avaliação social — é imanente ao ato de expressão. Uma *frase* pode não ter perfil arquitetônico algum — e ser meramente uma unidade de linguagem formal, abstrata; mas o *enunciado* é inteiramente um fenômeno de forma arquitetônica. A diferença entre forma de "superfície" e forma arquitetônica nunca é mais clara do que na diferença entre a frase e a enunciação.

O SIGNO

O foco de Voloshinov no enunciado e na natureza inerentemente social do discurso não acarreta rejeição da importância do signo, ou da "semiologia" que Saussure propôs construir em torno dela. Enunciados são compostos de signos, mas não, como podemos a essa altura esperar, signos à moda de Saussure, que não podem se relacionar com a "realidade real" que eles medeiam (nem, no caso aqui em questão, com o sujeito falante que os utiliza), mas apenas com outros signos "dentro de um sistema fechado" (MFL 271). Para Voloshinov, ao contrário, o signo também é inerentemente social e, além do mais, *material*.

Isso é elucidado com referência à foice e ao martelo da simbologia soviética e ao pão e ao vinho da comunhão cristã. Tais "instrumentos de produção" e "produtos consumíveis", respectivamente, são objetos materiais, com um lugar ou uma função particular, mas, quando usados para um propósito simbólico ou representacional no contexto do ritual religioso ou político:

> A coisa física é transformada [...] em um signo. Mesmo não deixando de fazer parte da realidade material, tal coisa [...] reflete e refrata outra realidade (MFL 221).

O signo faz parte da realidade material, mas, ao mesmo tempo, significa uma realidade além de si mesmo. Logo, o signo é inerentemente ideológico, ao incorporar um sentido que, muito literalmente, não pode existir sem ele: "Onde não há signo, também não há ideologia" (MFL 221); "onde há o signo, há também ideologia" (MFL 222).

Há muitos diferentes tipos de signo — uma imagem de uma foice é um tipo de signo diferente de uma palavra, por exemplo — mas todos os signos compartilham uma natureza material:

> Todo fenômeno ideológico significante é dado num certo material: em som, em massa física, cor, movimento corporal etc. (MFL 223).

Contudo, o signo verbal predomina sobre todos os outros tipos de signos por duas razões imediatas: a primeira, porque "a realidade toda da palavra é inteiramente dissolvida em sua função como um signo" (MFL 226). A palavra, diversamente da foice ou do pão, não tem uma função secundária, nem mesmo primária, que não esteja relacionada à significação. Ela é puro signo. A segunda: a palavra é aquilo que Voloshinov chama de um "signo neutro" (MFL 226). Diferentemente de outros signos, especializados de acordo com a área específica de "criação ideológica" na qual são utilizados — música, escultura etc. —, a palavra pode desempenhar "qualquer função ideológica: científica, estética, moral, religiosa" (MFL 227). Além do mais, a palavra também domina a significação no "vasto campo da interação ideológica", que não pode ser atribuída às categorias acima — "*relações vivas*", incluindo o discurso conversacional ou cotidiano (MFL 227). Portanto, a palavra, numa formulação cara a Voloshinov, é "*o fenômeno ideológico por excelência*" (MFL 226).

Discutiremos uma terceira razão para a preeminência do signo verbal na próxima seção, mas por ora vale nos deter em quão longe essa posição se deslocou da cautela inicial de Bakhtin em relação à potencial usurpação da estética pela linguística. Bakhtin argumentava inicialmente, por um lado, que a situação de um autor trabalhando com material verbal é "mais complexa" do que, por exemplo, um escultor trabalhando com mármore, mas, em última instância, "em princípio, não era diferente" (PCMF 265). Por outro lado:

> Ao investir a palavra [*slovo*] de tudo o que cultura compreende, [...] [nós] muito facilmente chegamos à conclusão de que, à parte a palavra, não existe nada na cultura e que tanto o cientista quanto o poeta estão preocupados apenas com a palavra. Mas ao dissolver a lógica e a estética, ou mesmo apenas a poética, em linguística, destruímos a especificidade do lógico e do estético e também, em igual medida, do linguístico (PCMF 291-292).

A expressão-chave está ali no final, "em igual medida, do linguístico": quer dizer, Bakhtin rejeita a ubiquidade ou a universalidade do signo verbal como especificamente concebido pelo objetivismo abstrato. Mesmo assim, da obra publicada por Voloshinov, emerge uma contrateorização detalhada ao objetivismo abstrato, propondo a universalidade do signo verbal numa base completamente diferente — uma teorização, como vimos, não de signos "inertes", mas de signos vivos e de enunciados repletos de significado social.

CONSCIÊNCIA

Voloshinov insiste enfaticamente: o signo é tão social quanto a enunciação. Em sua materialidade e objetividade, o signo é "um fenômeno do mundo externo" (MFL 223), em oposição a algo que, de algum modo, se formou na mente do falante. Isso abre caminho para o mais ambicioso aspecto da teoria do discurso de Voloshinov, que pode ser enquadrado nos seguintes termos: se o signo é um fenômeno ideologicamente repleto do mundo *externo*, qual é a natureza de sua relação com os processos *internos* do falante, ou do escrevente, que o implanta — com o processo de entendimento e da própria consciência? As respostas da filosofia idealista a esta pergunta, por imaginarem que o signo "é simplesmente uma casca, um meio meramente técnico para a realização de um efeito interior — a compreensão" (MFL 223), negam todas as propriedades do signo por nós enumeradas. Voloshinov, ao contrário, insiste: "A compreensão só pode vir a se realizar em alguma forma de material significante" e, portanto, "a consciência pode se realizar e se tornar um fato de realidade apenas no material da corporificação significante" (MFL 223). Só podemos dizer que a consciência *existe* no material do signo (verbal).

Portanto, a consciência "trabalha" da seguinte maneira: a "cadeia de realização discursiva" (MFL 287) que observamos acima corre paralelamente a uma "cadeia de criação e de compreensão ideológicas", na qual "a compreensão responde ao signo — em signos", na impossibilidade de quebra na cadeia:

> Em ponto algum, a cadeia está quebrada, em ponto algum ela afunda na imaterialidade de um ser interior não corporificado no signo. [...] Os signos só emergem no processo de interação entre consciências individuais. E a consciência individual é preenchida por signos. A consciência só se torna consciência no processo de ser preenchida com o conteúdo ideológico, isto é, significante — portanto, só no processo de interação social (MFL 224).

Se a consciência pudesse, de algum modo, se esvaziar de seu "conteúdo ideológico significante" (MFL 226), exatamente *nada* de consciência subsistiria. A consciência da filosofia idealista "*é uma ficção*" (MFL 306-307), um "*asylum ignorantiae*" para todas as construções filosóficas. Uma consciência bakhtino-voloshinoviana, ao contrário, é "um fato objetivo e uma força social imensa" (MFL 307). A consciência *individual* é "*um fato socialmente ideológico*" (MFL 225):

> A consciência é formada e vem ao ser no material significante, criado no processo das relações sociais de um coletivo organizado. [...] A consciência [dos indivíduos] vem ao ser pela primeira vez no fluxo da interação discursiva (MFL 225, 297).

O signo verbal é não apenas "neutro" e ubíquo, capaz de desempenhar "qualquer função ideológica", desde a científica até a religiosa. Ele também é

> *o material significante da vida interior — da consciência* (discurso interior). A consciência só pode se desenvolver por meio de um material flexível corporalmente e expresso. Assim como a palavra. A palavra pode servir, por assim dizer, como o signo de uso interno; ela pode se realizar como signo sem ser externamente expressa de modo completo (MFL 14).

Voloshinov insiste, então, na natureza definitivamente *social* da consciência, não em uma acepção abstrata ou geral, mas ao nível do indivíduo concreto. O signo verbal "acompanha" não apenas todas as formas de criação ideológica *externalizada*, como também os funcionamentos internos da consciência, todo ato de compreensão ou de interpretação, expresso ou não. O discurso interior também é um fenômeno social, material.

Como, portanto, em uma consideração final que nos remeterá à questão da "atividade estética" na forma do discurso e, mais pertinentemente, da escrita, o discurso interior se relaciona com o discurso "exterior", com o que é externalizado ou expresso — a enunciação? Como a experiência da consciência ou compreensão se torna expressão? A resposta de Voloshinov é que o discurso interior só pode se diferenciar do discurso exterior em termos *formais* — entendendo-se forma arquitetonicamente, é claro. Voloshinov argumenta que diferentes camadas de consciência correspondem a diferentes "camadas de discurso interior" (MFL 93), segundo sua relativa proximidade com o ponto de expressão ou de exteriorização: quer dizer, o processo pelo qual o discurso (pensamento) é "formado" é gradual, vai progredindo rumo ao ponto onde ele adquire um perfil formal exteriorizado no momento da expressão. A consciência, longe de ser a ficção ou *asylum ignorantiae* de uma filosofia idealista, é um "fato objetivo" (MFL 90). Contudo, na mente do falante, o pensamento persiste como "um embrião verbal interno da expressão, [...] fragmento pequenino de ser" (MFL 90). "A enunciação exterior atualizada", ao contrário,

> é uma ilha, emergindo do oceano ilimitado do discurso interior; as dimensões e formas dessa ilha são determinadas pela situação da enunciação e de seu público. [...] Não é a experiência que organiza a expressão, mas, ao contrário, a expressão é que organiza a experiência e, pela primeira vez, lhe confere uma forma (MFL 85, 96).

Então, a consciência é concebida tanto como produto quanto como registro do "ser realmente vindo a ser", tão material e social quanto a experiência do sujeito consciente — e "não existe experiência externa à corporificação significante" (MFL 85).

Voloshinov não o diz, mas a consciência está completamente implicada: em vez de ser um fenômeno puramente "interior", uma propriedade fluida, mas, de algum modo, fixa, a verdadeira consciência do sujeito discursivo ou do observador também é determinada por sua participação no evento arquitetonicamente estruturado da fala, da cognição e da interação social; a consciência é também um momento na arquitetônica do evento e, em sua interação com outras consciências, deve ser ela mesma entendida arquitetonicamente.

RESUMO

A transposição feita por Voloshinov do modelo bakhtiniano das relações eu-outro para o idioma da linguística foi projetada para ampliar o alcance da projeção central bakhtiniana e, ao mesmo tempo, para desafiar o domínio na linguística formalista daquilo que Voloshinov chama de "objetivismo abstrato", que tinha em Saussure seu mais influente proponente. A *translinguística* resultante passa a abranger quatro elementos mutuamente dependentes, cada um deles oferecendo uma correção a um ponto cego particular ou de negligência da linguística abstrata: primeiro, uma teoria da *enunciação* como a unidade "básica" da análise translinguística, oposta às unidades do estudo linguístico formal (como a sentença, por exemplo), que não são determinadas ou receptivas à arquitetônica do evento codificada na enunciação concreta; segundo, e por extensão, uma teoria da natureza essencialmente social da linguagem, que situa o enunciado no âmago de uma matriz infinita de interações sociais presentes numa gradação variada no ato e no momento de fala; terceiro, uma teoria do *signo* — principalmente do *signo verbal*, da palavra — como a corporificação material não simplesmente da avaliação social, mas de toda ideologia; quarto, e por fim, uma definição teórica de *consciência* como um fenômeno definitivamente material e social, tão concreto e histórico quanto a própria linguagem. A translinguística de Voloshinov é não simplesmente significativa como um quadro para a obra posterior de Bakhtin — mesmo sendo indispensável para ela — mas, em seus próprios termos radicalmente criativos, como uma afirmação talvez insuperada de uma teoria materialista integrada da linguagem. Ela representa não apenas uma "virada para a linguagem" capacitadora, mas uma virada para a linguagem em termos explicitamente materialistas muito particulares, que insiste na natureza concreta e histórica da linguagem, da consciência e da ideologia. Tudo o que Bakhtin tem a dizer sobre linguagem, literatura e cultura a partir desse ponto tem de ser mediado, em alguma medida, por essa abrangente teoria do discurso e da experiência.

6

DIALOGISMO

Os contornos do conceito central de dialogismo já são visíveis na obra filosófica inicial de Bakhtin e na translinguística que emergiu sob o nome de Voloshinov; mas é em relação à *literatura* — translinguisticamente concebida — que o dialogismo recebeu sua mais plena e atraente expressão. Este capítulo mostrará como o núcleo da ideia presente "antes da linguagem" e numa ainda não consumada relação com a literatura depende, em última instância, e encontra sua expressão mais plena nas relações literárias — com base primeira e especificamente na obra de Dostoiévski.

A literatura, como vimos nos capítulos 3 e 4, já é presença constante na obra filosófica inicial de Bakhtin, assim como nunca está inteiramente ausente da obra na qual a variante específica de Voloshinov na "virada linguística" é elaborada; sem dúvida, "Discurso na vida e discurso na arte" assoma como um testamento para a força gravitacional exercida pela literatura, mesmo em uma obra cujo objeto primário é uma suposta translinguística. A virada linguística na obra de Bakhtin realmente vai confirmar o *distanciamento* da filosofia, mas sua rejeição simultânea da ciência emergente da linguística (objetivista abstrata) confirma também o deslocamento *para mais perto* da literatura — e, não resta dúvida, condiciona substancialmente a abordagem do texto literário que dominará grande parte da obra subsequente de Bakhtin.

Isso pesa tremendamente no sentido de que "O autor e o herói na atividade estética" é "incompleto": em sua concepção original, ele estava muito próximo de uma avaliação detalhada do "problema do autor e do herói na literatura russa", tida como uma exemplificação necessária das ideias nucleares da obra e, talvez, como um tratamento mais compreensivo do conceito embrionário de dialogismo. O capítulo não escrito, "O problema do autor e do herói na literatura russa", contrariamente, foi transformado por fim em um tratamento mais extenso de um só autor da história da literatura russa, Dostoiévski, um tratamento que veio a se revelar não menos dinamicamente fraturado que o inacabado "O autor e o herói na atividade estética".

DOSTOIÉVSKI: DA POLIFONIA AO DIALOGISMO

O livro sobre Dostoiévski foi originalmente publicado em 1929, sob o título *Problemas da arte de Dostoiévski*, pouco tempo depois de Bakhtin ser preso; uma edição revista viria a ser publicada sob o título *Problemas da poética de Dostoiévski* no já distante ano de 1963 (parcialmente transformado pelo acréscimo de um capítulo sobre o carnaval, ao qual retornaremos).

A necessidade de certo grau de cautela terminológica é uma constante na leitura de Bakhtin, tanto mais em relação ao livro sobre Dostoiévski, que parece se mover para um terreno completamente novo ao se abrir com a alegação de que Dostoiévski é "o criador de um gênero de romance essencialmente novo [...] o romance polifônico" (PPD 7). *Polifonia*, desde então, e muito compreensivelmente, passou a circular como um dos termos bakhtinianos fundamentais — apesar do fato de ele ser pouco mais que um posto de troca, que rapidamente dá lugar a uma terminologia mais fundamental. O próprio Bakhtin reconhece isso ao enfatizar que a polifonia, termo musical que indica a presença de muitas vozes (ou papéis) em determinada composição, é uma "analogia gráfica, nada mais", aplicada a Dostoiévski e à literatura (PPD 22). A "imagem da polifonia" serve, porém, para evidenciar "esses novos problemas que surgem quando um romance é construído para além dos limites da *unidade monológica* habitual" (PPD 22, destaque meu). A "polifonia", relativamente clara em seus próprios e (metaforicamente) limitados termos, serve para iluminar o fenômeno ao qual se opõe — a "unidade monológica" ou, simplesmente, o *monologismo* e o *monológico*.

No nível do romance, "monológico" é o termo cunhado por Bakhtin para caracterizar os romances nos quais todos os elementos da narrativa — desde a narrativa em 1ª e em 3ª pessoa até o discurso indireto dos personagens — são uma determinação da *consciência singular do autor*. O mundo desse romance — a essa altura, da maioria dos romances — é "um mundo objetivado monologicamente entendido como relacionado à consciência uma e única do autor" (PPD 9). Mesmo onde as ideias são atribuídas aos personagens, onde o diálogo é posto em suas bocas, o discurso — a expressão externa de consciência — pertence ao autor. Ele não contém genuinamente as muitas vozes implicadas pela polifonia; todas são reduzidas a uma única voz (ou consciência) — a do autor. Em outras palavras, o mundo desse romance não se conforma à "arquitetônica concreta [...] do mundo real do ato realizado" (PFA 54), à estrutura arquitetônica do evento, ao encontro entre sujeitos característico do modelo bakhtiniano de relações eu-outro.

No teatro também, onde os personagens no palco falam aparentemente com sua própria "voz", o diálogo dramático permanece "encerrado em uma estrutura monológica firme e estável" (PPD 17), controlada pelo autor e que pode com ele ser identificada. Em poesia, como Bakhtin defenderá em obra posterior, e especialmente em poesia lírica, "a língua do poeta é sua linguagem, ele está enunciativamente imerso nela [...] como expressão pura e direta de sua própria intenção" (DR 285), independentemente da estrutura composicional específica do poema. Tanto o drama quanto a poesia, apesar de sua distinção formal, estão mais próximos do romance monológico do que do romance polifônico de Dostoiévski. Em qualquer tipo de literatura monológica — poesia, drama ou romance —, o autor é o sujeito soberano do discurso, ao passo que seus personagens são meros *objetos* desse discurso.

Nos romances de Dostoiévski, o "plano monológico do romance" é fraturado porque "o personagem é tratado como ideologicamente autorizado e independente; ele é percebido como o autor de uma concepção ideológica própria, plena em si mesma, e não como o objeto da visão artística finalizante de Dostoiévski" (PPD 5). Dostoiévski representa seus personagens não como "imagens", e sim como "ideias" ou "ideias-força"; mais exatamente, a ideia está *incorporada* no herói/personagem, criado pelo autor, mas a partir de então imbuído de uma liberdade, de uma abertura que contradiz o *status* do herói como "mero" personagem. E noutro eco significativo da arquitetônica do evento, Dostoiévski se relaciona com seus personagens do mesmo modo como ele deve se relacionar com seres vivos concretos "na vida". Seus personagens (heróis) são portanto

> *não apenas os objetos de uma palavra autoral, mas também sujeitos de sua própria palavra significante* [...] A consciência de um personagem é dada como uma consciência outra, estranha, mas ela não é [objetivada] nem fechada, ela não se torna um objeto simples da consciência do autor.

> [...] Surge nas obras de Dostoiévski um tipo de personagem cuja voz é construída do mesmo modo como a própria voz do autor no tipo comum de romance. A fala do personagem sobre si mesmo e sobre o mundo é tão plenamente ponderada quanto a palavra autoral comum; ela não está subordinada à imagem objetivada do personagem, [meramente] como uma de suas características, nem serve como porta-voz da voz do autor. [Ela é extremamente independente] dentro da estrutura da obra, ela é ouvida como paralela à palavra do autor e, de modo particular, combina com a palavra autoral e com as vozes igualmente valorizadas dos outros personagens (PPD 7).

O romance polifônico dostoievskiano não se estrutura em torno "de uma consciência una e única do autor" (PPD 9),

> ele não é construído como o todo de uma consciência singular, que absorve em si mesma outras consciências como objetos, mas como um todo formado pela interação de várias consciências (PPD 18).

Isso significa que ela é não apenas *polifônica* (dado que a mera presença de vozes de diferentes personagens não garante a interação de suas consciências), ela também é, mais profundamente, *dialógica* (PPD 18):

> *O romance polifônico é inteiramente dialógico.* Há relações dialógicas entre todos os elementos da estrutura do romance; ou seja, eles estão contrapontualmente justapostos. E isso porque as relações dialógicas são um fenômeno bem mais amplo que meras réplicas em um diálogo, composicionalmente dispostas no texto; elas são um fenômeno quase universal, que permeia todo o discurso humano e todas as relações e manifestações da vida humana, tudo o que tem sentido e significação (PPD 40).

Permanecendo ao nível do romance, o dialógico consiste na encenação de um encontro genuíno entre "duas ou mais consciências" (PPD 88), algo que requer mais do que uma "mera" organização composicional de interação de personagens pelo autor; requer uma orientação dialógica, uma *prática* dialógica. Afastando-se do romance como tal — é de se notar o quão rapidamente Bakhtin caminha para universalizar o que ele inicialmente atribui a Dostoiévski como uma característica quase única — é claro que Bakhtin concebe o dialogismo não apenas ou mesmo primeiramente como uma propriedade dos romances ou da literatura: evocando, mais uma vez, sua primeira arquitetônica do evento, Bakhtin é inequívoco em sua insistência: a orientação ou prática dialógica do autor de fato traz à tona algo que é "um fenômeno quase universal, que permeia todo o discurso humano e todas as relações e manifestações da vida humana, tudo o que tem sentido e significação" (PPD 40). Todo sentido é, para Bakhtin, dialógico; o dialógico é característico de toda interação humana verbalizada.

Essa propriedade quase universal da interação humana, defende Bakhtin, foi obscurecida ou inteiramente bloqueada por aquilo que ele chama de "o monologismo ideológico dos tempos modernos" (PPD 88). O monológico é, portanto, não apenas um produto contingente de decisão autoral: a cultura ocidental, particularmente em sua fase racionalista, pós-Iluminismo, é nuclearmente monológica e, consequentemente, produziu uma literatura percebida, no seu principal, como semelhantemente monológica. Dostoiévski emerge nessa análise como uma espécie de escavador, trazendo à tona a essência dialógica submersa da geração de sentido e da interação humana; o "romance" — ou seja, um tipo muito particular de romance — emerge como o meio através do qual essa escavação pode ser feita, revelando propriedades de discurso e de sentido presentes no romance, mas também crucialmente presentes (mas obscurecidas) para muito além dele. Mais tarde, Bakhtin tentará demonstrar por que é especificamente o romance — algo entre o particular de Dostoiévski e o universal de "todas as relações e manifestações de vida humana" — que emergiu como suporte e emblema do dialógico.

Então, o romance — ou, no mínimo e por ora, o romance polifônico dostoievskiano, o romance *dialógico* — demonstra que a ideia de uma consciência singular ou autônoma é pouco mais do que uma ficção, ecoando a caracterização de Dostoiévski da concepção idealista de consciência — uma manifestação central do "monologismo ideológico dos tempos modernos" — como uma "ficção" (MFL 306-307), que permite ao "enunciado acabado, monológico" (MFL 287) ser considerado *como se* fosse o produto de uma consciência singular. A literatura monológica permite a elisão da natureza múltipla, socializada da consciência, sua aparente compressão no artifício de uma consciência autoral "singular" ou "unificada". Nem textos dialógicos nem monológicos são simplesmente funções de uma decisão autoral: o texto monológico, ao refletir o monologismo dominante da cultura ocidental, está em acordo com a "ficção" da consciência como unitária e autônoma; o texto dialógico destrói a ilusão do monológico ao demonstrar como a consciência, em seu próprio modo de operação, de fato, "responde a algo e está, por sua vez, orientado para uma resposta" (MFL 287). A consciência também é fundamentalmente dialógica.

O romance dialógico põe em cena o encontro de "duas ou mais consciências" (PPD 8) em termos da "eventicidade única" de seu ser que encontramos em *Para uma filosofia do ato responsável*. Dostoiévski é capaz de capturar no texto literário aquilo que não pode ser apreendido pela "mera" atividade cognitiva, nem mesmo pela "atividade estética" tal qual concebida pela filosofia: "Pensamento [...] que se torna ele mesmo parte do evento" (PPD 10). Essa eventicidade, o "fluxo da vida", tem de permanecer como um momento implicitamente incognoscível da experiência vivida para outras formas de observação ou análise "científica" e, sem dúvida, para a maioria dos autores literários implicitamente inferiores (Petrarca, Dante, Heine, Rilke e, naturalmente, Pushkin são outras exceções que recebem menção honrosa em "O autor e o herói na atividade estética"). Contudo, a eventicidade é o equivalente da subestrutura atômica no mundo (textual) de Dostoiévski. Para seguir usando a terminologia bakhtiniana inicial, o romance dialógico permite o "acabamento" — ou, numa terminologia literária mais convencional, a "consumação" — dos personagens de uma maneira que, não obstante, preserva seu "inacabamento". Sua representação dialógica em termos de sua "eventicidade" viva, de seu "ser vindo realmente a ser", é o que garante o *status* explicitamente atribuído a eles no livro de

Dostoiévski, não como "objetos" de representação autoral, mas como "sujeitos" que se relacionam com o autor como um outro sujeito — como "objetos" que falam.

VOZ E CORPORIFICAÇÃO

Os personagens/heróis de Dostoiévski surgem como sua própria "palavra diretamente significante" (PPD 7); "o personagem em Dostoiévski não é uma imagem, mas um discurso pleno" (PPD 52). Portanto, o que está representado nos romances de Dostoiévski

> não é a existência definida do personagem, nem sua imagem fixa, e sim *a soma final de sua consciência com sua autoconsciência* — em último termo, *a palavra final do personagem sobre si mesmo e sobre seu mundo.* [...] o personagem é o portador de sua própria palavra plenamente válida, e não um objeto apalermado, mudo do discurso autoral. A concepção do autor acerca do personagem é *uma concepção de discurso.* O discurso autoral sobre o personagem é, então, *discurso sobre discurso.* [...] O personagem dostoievskiano é não apenas discurso sobre si mesmo e sobre suas circunstâncias imediatas, mas também discurso sobre o mundo (PPD 48, 63, 78).

Bakhtin expande as consequências dessa conclusão — que "tudo tem sentido e significação" deve ser entendido, dentro e além do texto literário, em termos de *discurso dialógico* — com referência a um conceito já familiar, *corporificação,* e a outro, novo, a *voz.* Os modos segundo os quais esses termos dependem um do outro iluminará um aspecto bastante único do pensamento de Bakhtin.

Se retomarmos outra vez a "eventicidade", no sentido de que a vida é vivida como uma sequência una e única, de "eventos de ser", emerge um forte sentido imediato da importância da corporificação: o discurso humano — na verdade, toda ação humana — emana de um lugar único, cuja especificidade é garantida pela corporificação material do[a] falante, no sentido de que ele[a] ocupa *esse* tempo e espaço específicos, *esse* lugar exclusivo no ser. O sentido de corporificação se torna ainda mais complexo, porém, pela insistência de Voloshinov em que "*a consciência pode se realizar e se tornar um fato de realidade apenas no material da corporificação significante [...] a palavra se tornou o material significante de vida interior — de consciência"* (MFL 9, 14). A consciência não deve apenas estar física e materialmente encarnada — ou "situada". Para sua realização, para sua própria existência, ela depende de outro fenômeno material — da fala ou, por extensão, da escrita. A língua em uso — o discurso — é o "material significante" tanto da vida externa *quanto* da interna; a consciência está não apenas "encarnada" no corpo, ela está encarnada na língua (discurso). No texto dialógico, especificamente, o sentido está *encarnado* no discurso do personagem: ele está "encarnado", ou seja, à parte e sem necessidade de um corpo.

Nessa ideia, há mais do que um aceno ao paradoxo. À primeira vista, "corporificação na linguagem" pareceria uma contradição em termos, sugerindo uma concepção equivocada das propriedades de ambos os termos: "corporificação" implica, simplesmente, a necessidade de um corpo material, que atuará como suporte daquilo que nele está encarnado, e a língua, mais do que ser um suporte ou veículo, pareceria requerer algo a ser encarnado nela. Em Voloshinov, essas categorias se fundem na teorização do signo como fundamentalmente material e, não obstante, "vivo"; em Bakhtin, isso se enfatiza mediante um tipo de literalização, que concebe a produção literária em termos de criação do vivente, significando "heróis" possuídos por um ser aberto, em processo — sujeitos vivos, interlocutores encarnados para seu autor (e para seu leitor). A ideia de corporificação na linguagem acena, então, para uma resolução da oposição que perturbou a obra inicial de Bakhtin, entre um conhecimento preciso, mas abstrato (e, portanto, virtualmente sem sentido) e um "ver" puramente estético. Ela também comunica à perfeição o sentido segundo o qual Bakhtin precisa da *literatura*, e não da "filosofia", para elucidar *e* exemplificar — ou encarnar — a arquitetônica das relações eu-outro.

O termo um tanto desorientador que Bakhtin mobiliza na descrição dessa corporificação, não no corpo, mas no discurso que dele emana, o termo que doravante encapsula a palpabilidade vivente do personagem em literatura, é *voz*: de fato, como o personagem no romance de Dostoiévski não é "uma imagem, mas um discurso pleno" é sinônimo para Bakhtin do personagem como sendo "uma *voz pura*" (PPD 53) — nós não "vemos" os personagens de Dostoiévski, nós os "ouvimos". Dostoiévski possui

> a genialidade de ouvir o diálogo de sua época ou, mais exatamente, de ouvir sua época como um grande dialogo, de detectar nele não apenas vozes separadas, mas sobretudo *relações dialógicas* entre vozes, sua *interação* dialógica (PPD 90).

Posteriormente Bakhtin descreve a essência de seu próprio projeto nos seguintes e muito simples termos: "Ouço *vozes* em tudo e relações dialógicas entre elas" (OECH 169); e realmente, como Bakhtin afirmaria em um fragmento não traduzido, "o objeto das ciências humanas" é nada além do "ser *falante* e *expressivo*".

Está claro então que "voz" não se destina a ser, como "polifonia", apenas uma "analogia gráfica" limitada, um meio vagamente metafórico de expressar um ponto mais amplo (PPD 22). Mesmo assim, segue sendo difícil olhar para ela de maneira inteiramente literal: não ouvimos "textos", mas estamos, Bakhtin sustenta, vivos para as "vozes" que estão ativas neles e para as "relações dialógicas" entre vozes. O que está em jogo, então, na insistência de Bakhtin no termo (insistência inexistente no caso de "polifonia") fica claro se compararmos seu uso com a bem reconhecida rejeição da "metáfora da presença" que a cultura ocidental erigiu em torno da palavra falada proposta por Derrida. Para Derrida, a oralidade aprofunda a ilusão de que o sujeito está diretamente presente e acessível mediante seu enunciado realizado (Derrida 1981); Bakhtin, ao contrário, antecipa e resiste ao apagamento pós-moderno do sujeito — sem necessidade, ao que parece, de nenhum tipo de justificação filosófica — pela presença *sobredeterminante*. Se a "voz" é inteiramente metafórica, seu propósito é *insistir* na presença *acima de tudo*, para tornar a presença palpável no texto dos sujeitos autônomos, que não são simultaneamente redutíveis à "presença" intrusiva e homogeneizadora do autor.

Talvez o melhor modo de ilustrar a concepção bakhtiniana de voz seja compará-la a outra significativa invocação da voz — dessa vez contemporânea de Bakhtin — a categoria formalista russa de *skaz*.

FORMALISMO RUSSO

Os assim chamados formalistas russos eram um grupo de pesquisadores em linguística e literatura que se aglutinaram em torno da organização *Opoiaz* (Sociedade para o Estudo da Linguagem Poética), baseada em São Petersburgo, nos anos imediatamente anteriores às revoluções de 1917. Iurii Tynianov (1894-1943), Viktor Shklovsky (1893-1984) e Boris Eikhenbaum (1886-1959) formavam o núcleo teórico e organizacional do grupo, embora sua colaboração com Roman Jakobson (1896-1982), que circulava entre Moscou e Praga e que, posteriormente, viria a exercer uma enorme influência na interface entre literatura e linguística no Ocidente, tenha sido extremamente importante entre 1918 e 1921. A teoria formalista inicial enfatizava, sobretudo, a *especificidade* do texto literário, concentrando-se nas características que o distinguem do texto histórico ou filosófico e rejeitando agressivamente toda crítica fundada na biografia ou na psicologia do autor — ou até mesmo toda relação direta entre literatura e sociedade. Isso produziu duas vertentes principais de produção teórica: a primeira se concentra na especificidade de uma "linguagem poética" autônoma, que pode ser contraposta à linguagem "prática" ou "cotidiana" [Jakobson, mas também Lev Iakubinskii (1892-1945) e Osip Brik (1888-1945)], e a segunda se concentra em como aquilo que foi visto como o "conteúdo" da obra literária — temas, motivos, ideias — serve como mera "motivação do dispositivo", como o "material" trabalhado por uma série de "dispositivos" — repetição, paralelismo, retardo — um processo que é, uma vez mais, definitivamente "literariedade" (Shklovsky, Eikhenbaum). Os formalistas foram criticados por Bakhtin em uma obra inédita de 1924 (PCMF) e, de novo, por Medvedv em 1928 (MF), mas a orientação ulterior do formalismo, particularmente a obra de Iurii Tynianov, exerceu sua influência tanto sobre a segunda parte do livro sobre Dostoiévski quanto sobre "O discurso no romance". *Skaz*, um foco--chave na obra de Eikhenbaum, é um exemplo de "dispositivo pesadamente associado aos formalistas, mas que é adotado e reformulado por Bakhtin.

Os artigos de Eikhenbaum sobre Nikolai Gogol (1809-1862) e Nikolai Leskov (1831-1895) lidam parcialmente com um tipo de narração que envolve ênfase nas características discursivas do narrador condicional, quase sempre envolvendo coloquialismo; o narrador é, portanto, explicitamente diferenciado do autor, tido como aquele que se conforma às normas do estilo literário predominante. Esse tipo de narração, comum no conto popular russo, tornou-se conhecido como "narrativa *skaz*", com o termo *skaz* evocando o discurso e o ato de contar. Eikhenbaum define a propriedade central da narrativa *skaz* como uma "orientação para a palavra falada" (Eikhenbaum 1927: 220); ela é uma espécie de focalização narrativa, voltada para a criação da ilusão de narração oral — a presença de uma "voz" distintiva não restrita ao diálogo do personagem. Bakhtin não questiona o valor nem a presença da narrativa *skaz*; ao contrário, insiste em que ela é ainda mais importante do que Eikhenbaum o sugere: "*Skaz* é, acima de tudo, toda orientação para o *discurso de outro*, e só então, como consequência, orientação para o discurso oral" (PPD 191). Não é a "oralidade" *per se* que é primordial, nem os marcadores estilísticos que a acompanham: esses marcadores estilísticos são meros indicadores de superfície da presença no texto de um encontro entre duas consciências, entre dois sujeitos de discurso "plenos" — entre duas *vozes*.

Embora muitos dos exemplos dados tanto por Eikhenbaum quanto por Bakhtin sejam relativamente curtos ["O capote" de Gogol (1842), "Andrei Kolosov" (1844), de Ivan Turgenev (1818-1883)], sugerindo talvez a dificuldade de sustentar a "ilusão" do *skaz* em detrimento duma narrativa extensa, um exemplo recente, bastante extremo, de seu uso é *How Late It Was, How Late* (1994), de James Kelman (n. 1946), que mantém uma forma sofisticada de *skaz* em toda a extensão do romance. Kelman estabelece a voz de Sammy, o protagonista do romance, no coração da narrativa, que vai alternando entre a 1ª e a 3ª pessoa. O dialeto de Sammy, ou a língua não padrão, certamente reproduz os modelos de fala (Eikhenbaum), mas também é marcado como a "fala" de um outro (Bakhtin); no texto, há exemplos persistentes do encontro da voz duma "1ª pessoa" com a duma "3ª pessoa", cada qual diferenciada pelas modulações mais sutis do estilo linguístico (algo que, de fato, pode permanecer completamente indiscernível sem o "impulso" da mudança interna de perspectiva). Kelman não apenas desloca um "padrão", uma voz narrativa de 3ª pessoa falsamente objetiva — a tarefa fundamental do *skaz*. Ele também supera a distância convencional entre essa voz e a "região do personagem" ao qual a linguagem do padrão de fala está geralmente confinada.

A concepção bakhtiniana de voz, em relação ao *skaz* e em geral, fundamenta-se então em duas ideias mutuamente complementares, ambas centrais a seu pensamento como um todo: primeiro, a voz implica a realidade una e unicamente situada do sujeito humano — uma evocação figurativa e literal da ideia de *corporificação*. Segundo, ela prepara a ideia que virá a coroar a exposição bakhtiniana do dialogismo no livro sobre Dostoiévski e constitui uma ponte para sua mais plena afirmação em "O discurso no romance" — porque voz também sinaliza a presença frequente de (pelo menos) *duas vozes*. O discurso dos romances de Dostoiévski, o discurso referido no tratamento dado por Eikhenbaum ao *skaz*, é "discurso orientado para o discurso dos outros (discurso bivocal)" (PPD 199). O exemplo do *skaz* é simplesmente um dos muitos a demonstrarem a inadequação da estilística literária para lidar com o que Bakhtin insiste dever ser seu objeto próprio, *o discurso bivocal*. *Skaz*, ou paródia, ou estilização estão indubitavelmente presentes e ativos na obra literária, mas foram tratados, pelos formalistas e até mesmo antes, primariamente como formas *composicionais*, aquilo que os formalistas iriam classificar como "dispositivos". Para Bakhtin, "esse problema vai além da questão do discurso composicional--superficial do autor ou de sua mudança composicional-superficial" por vários meios (PPD 56); "todos esses dispositivos composicionais [...] não são em si mesmos capazes de destruir o monologismo do mundo artístico" (PPD 57). "Forma", tal como entendida pelos formalistas, é para Bakhtin um fenômeno "de superfície" ou "externo", que obscureceu a forma arquitetônica "profunda" do discurso dialógico.

Bakhtin começou com uma análise de Dostoiévski e chegou, no processo, à projeção de uma nova poética, na qual nem o dispositivo composicional nem a especificidade do material linguístico organizado por esse dispositivo podem, em si mesmos, definir o tipo de discurso — logo, a forma literária. Em vez disso, uma forma de discurso se distinguirá de outra de acordo com a relação de duas (ou mais) vozes presentes nela, como mediadas e habilitadas pelas características próprias de determinado dispositivo composicional. Unicamente essa nova poética, sintonizada com a pervasividade do discurso bivocal, "um fenômeno quase universal" (PPD 40) "construído além das fronteiras da unidade monológica comum" (PPD 22), será capaz de acessar as complexidades de seu objeto, a literatura. Ou seja, Bakhtin começou enfatizando que o dialogismo não é simplesmente uma *propriedade* dos romances de Dostoiévski, e sim seu princípio estrutural fundamental, que determinará todo o seu perfil estilístico e semântico; mas, num paradoxo menor que pode nos dizer algo importante acerca da prática da crítica dialógica, até mesmo antes de ele ter feito por onde estabelecer a especificidade de Dostoiévski a esse respeito, Bakhtin chega a afirmar que o mesmo se aplica a *toda* a literatura moderna, em maior ou menor grau. Não é a literatura em si que foi vulnerável ao "monologismo ideológico dos tempos modernos" (PPD 88), mas a *crítica* literária, que tendeu então a obscurecer mais do que a revelar as raízes dialógicas profundas de seu objeto.

DISCURSO DIALÓGICO NO ROMANCE

Escrito em 1934-1935, enquanto Bakhtin estava exilado, "O discurso no romance" se abre com a declaração de seu objetivo de eliminar "a separação entre 'formalismo" abstrato e um 'ideologismo' igualmente abstrato" (DR 259), não apenas em termos gerais — embora isso pudesse ser classificado como o grande êxito da obra de Bakhtin tomada como um todo — mas especificamente em termos de *estilística literária*. O primeiro elemento, "formalismo", fica absolutamente claro no contexto de "O discurso no romance"; o segundo, "ideologismo", carece de um comentário mais explícito. Na segunda parte de seu livro sobre Dostoiévski, Bakhtin tentou ir além do formalismo ao habitar e modificar o paradigma analítico da obra, concentrando-se agora não nos dispositivos enquanto tais, mas em como a "dupla direcionalidade" do discurso é a força primária que se move abaixo da superfície composicional-formal da obra literária. Mesmo assim, a bidirecionalidade do discurso luta não apenas por reconhecimento abaixo da superfície composicional-formal da obra individual, mas também para se livrar do estrangulamento repressivo de uma crítica literária submetida ao "monologismo ideológico dos tempos modernos" (PPD 88); o entendimento estrito, formalista da obra literária é, de fato, uma manifestação específica do fenômeno geral do monologismo. O "formalismo", ou a tendência a conceber a literatura em termos formais abstratos, não está de modo algum imune às forças da "ideologia" — ele também está alinhado a uma posição ideológica particular e representativa dela.

Numa tentativa de eliminar essa "separação", Bakhtin fornece uma classificação dos tipos de discurso em prosa que vai além do "composicional-superficial" (discurso direto, narrativa em 1ª pessoa, diálogo etc.), que, no livro sobre Dostoiévski aparece da seguinte maneira:

1. "discurso direto e intencional não mediado — nomear, informar, expressar, representar — calculado com base no entendimento não mediado de seu objeto" (PPD 186);

2. "*discurso* representado ou *objetivado* [...] O tipo mais característico e difundido de discurso representado ou objetivado é o *discurso direto dos personagens*" (PPD 186);
3. "discurso orientado para o discurso de outro (discurso bivocal) [*dvugolosoe slovo*]" (PPD 199), do qual existe certo número de variedades correlatas, incluindo os fenômenos com os quais Bakhtin iniciou sua discussão, a saber, estilização, paródia e *skaz*.

Em "O discurso no romance", o que anteriormente fora descrito em termos de "dupla direcionalidade" — o discurso que "inclui em si mesmo, como momento necessário, uma orientação para o discurso de outro" (PPD 186) — dá lugar explicitamente a uma classificação do discurso em termos de sua "orientação dialógica" (DR 279). E essa classificação parece um pouco diferente:

1. narrativa literário-artística autoral direta (em todas as suas diversas variantes);
2. estilização das várias formas de narrativa oral cotidiana (*skaz*);
3. estilização das várias formas de narrativa semiliterária (escrita) cotidiana (a carta, o diário etc.);
4. várias formas de discurso autoral literário, mas extra-artístico (máxima, declarações filosóficas ou científicas, oratória, descrições etnográficas, memorandos e assim por diante);
5. o discurso estilisticamente individualizado dos personagens (DR 262).

A principal mudança de ênfase nessa nova classificação, além das diferenças de pormenor, vai no rumo de um foco muito maior na influência do discurso "não literário" na literatura e no romance; sem dúvida, a expressão "literário, mas extra-artístico" na quarta categoria é uma das mais reveladoras em todo o Bakhtin e condicionará e impulsionará muito de sua obra posterior.

De modo geral, a trajetória estabelecida na segunda metade do livro sobre Dostoiévski agora está completa: a habilidade de "ouvir" e de organizar artisticamente o discurso dialógico não é mais enfatizada como uma capacidade rara (embora não a única) de Dostoiévski como romancista; os romances de Dostoiévski são suplantados como objeto de análise e veículo de explicação do romance *enquanto tal* (embora Bakhtin vá se concentrar no romance cômico em maior extensão). Posteriormente, no ato mesmo de ocupar o centro do palco, o próprio romance está sujeito ao questionamento de segundo nível, que é de certo modo análogo ao que aconteceu com Dostoiévski. Fica claro em "O discurso no romance": o que Bakhtin tem em mente com "Romance" não se restringe aos romances da história literária convencional, mas se amplia quase sub-repticiamente para significar não um gênero literário ou uma moda, mas um modo particular de conceber a linguagem. Isso é consistente com a afirmativa do livro sobre Dostoiévski de que as relações dialógicas "são um fenômeno quase universal, que permeia todo o discurso humano e todas as relações e manifestações da vida humana" (PPD 40), agora assim reafirmada:

> A orientação dialógica do discurso é claramente uma propriedade de todo discurso [...] [ela] está presente em maior ou menor grau em todas as áreas da vida do discurso (DR 279, 284).

As implicações dessa mudança — o sentido no qual o romance (deixando de lado Dostoiévski) não é o único lugar de algum "tipo" particular de discurso, mas apenas o gênero no qual o discurso dialógico, um "fenômeno universal", pode ser mais bem apreendido em toda a sua "complexidade e profundidade" (DR 278) — será um foco importante dos capítulos posteriores.

Por fim, e o mais importante, "O discurso no romance" expande a quase fugaz discussão bakhtiniana anterior sobre a "dupla direcionalidade" do discurso, sua natureza "bivocal", para uma afirmativa plena da mecânica fundamental do dialogismo — que Bakhtin chama agora de "dialogismo interno", para poder distingui-lo do diálogo como um fenômeno puramente formal (de superfície). Dialogismo "interno" — ou simplesmente dialogismo — possui dois aspectos ou fases intimamente relacionados, que são em termos práticos "quase indistinguíveis durante a análise estilística" (DR 283). O primeiro deles está vinculado ao modo com que a "palavra viva" — o enunciado, o discurso, como oposto à palavra abstrata tal como concebida pela linguística — se relaciona com seu próprio objeto ou com ele se encontra):

> Entre a palavra e seu objeto, entre a palavra e o sujeito falante, existe um ambiente flexível de outras palavras, alheias, sobre o mesmo objeto [...] toda palavra concreta (enunciação) encontra o objeto para o qual se dirige sempre e já qualificado, por assim dizer, disputado, avaliado, envolto em uma névoa obscurecente, ou, ao contrário, pela luz de outras palavras já ditas sobre ele. Ela é apreendido e penetrado pelos pensamentos e pontos de vista comuns, por outras avaliações e entonações. A palavra voltada para seu objeto entra nesse ambiente dialogicamente agitado e cheio de tensão das outras palavras, avaliações e entonações, se entrelaça com suas inter-relações complexas, mistura-se a algumas, recua ou se intersecciona com outras; e tudo isso pode formar fundamentalmente a palavra, pode deixar depósitos em todas as suas camadas semânticas, complexificar o que ela exprime e influenciar todo o seu perfil estilístico (DR 276).

O sentido no qual a orientação dialógica do discurso não é uma propriedade contingente de um ou outro lugar de uso da língua — o romance, por exemplo — se completa com o encerramento de Bakhtin, segundo o qual

> a palavra nasce em diálogo como uma réplica viva dentro dele; a palavra é formatada em interação dialógica com uma palavra alheia que já está no objeto. *Uma palavra forma um conceito de seu objeto de maneira dialógica* (DR 279, destaque meu).

O dialogismo é a marca do uso concreto da língua; os conceitos são inerentemente dialógicos — todo sentido é dialógico.

O segundo aspecto do dialogismo diz respeito não à relação da palavra com seu objeto, mas, como podemos esperar do modelo das relações eu-outro por nós já repetidamente encontrado em toda a obra de Bakhtin, a relação do sujeito falante com uma *resposta antecipada*:

> [A palavra] encontra uma palavra alheia não apenas no objeto em si; toda palavra se dirige para uma resposta e não pode escapar da influência profunda da palavra em resposta que ela antecipa. [...] [ela] está direta,

ostensivamente orientada para uma palavra-resposta futura; ela provoca uma resposta, antecipa e se estrutura na direção da resposta (DR 280).

Bakhtin está até preparado para argumentar que "em certa medida, a primazia pertence à resposta [...]. Apenas na resposta o entendimento chega à fruição" (DR 282):

O falante irrompe no horizonte conceitual do ouvinte, constrói seu próprio enunciado no território alheio, contra a base aperceptiva do ouvinte (DR 282).

Nesses dois sentidos, em relação a seu objeto, rodeado de todos os lados por palavras já faladas sobre ele e em relação à resposta antecipada de um "ouvinte" (ou leitor, ou outro personagem), "a palavra vive [...] na fronteira entre seu próprio contexto e outro contexto, alheio" (DR 84). Nenhum ser humano, desde o mítico Adão, abriu sua boca sem produzir discurso dialógico; nenhum escritor, por mais que possa lutar para suprimir o dialógico, pode atingir o puramente monológico; aquilo que Bakhtin chama "o romance" é simplesmente o lugar no qual os "tipos e graus de alteridade", as "várias formas e graus de orientação dialógica no discurso" (DR 275-276) são maximamente visíveis e acessíveis. Mesmo assim, a causa ou garantidor dessa capacidade do romance (como gênero literário) não é o dialogismo em si mesmo — um fenômeno universal — mas outro conceito bakhtiniano fundamental, a *heteroglossia*. A heteroglossia permitirá a Bakhtin elucidar o dialogismo como um fenômeno *social*, verdadeiramente universal, para além (mas sempre abarcando) a estrutura imediata das interações eu-outro.

RESUMO

O livro sobre Dostoiévski desenvolve o modelo bakhtiniano das relações eu-outro e seus conceitos adjacentes — eventicidade, responsabilidade, corporificação, exterioridade e inacabamento — em uma teoria explícita do dialógico exposta no material literário. Posteriormente "O discurso no romance" desenvolve esse modelo à luz da concepção de Bakhtin e de Voloshinov sobre a linguagem (discurso) em vista de realizar plenamente o que está apenas explícito no livro sobre Dostoiévski — a *ilimitabilidade* do dialógico. O dialogismo é mais que um fenômeno puramente interpessoal ou literário: ele descreve a condição de toda interação verbal e, consequentemente, de toda atividade conceitual, social e ideológica. A compreensão é dialógica em dois sentidos: primeiro, porque a relação entre a língua e seu objeto é dialógica, baseada em avaliações prévias, em outras palavras usadas em relação ao objeto; e segundo porque a palavra enunciada é sempre e em todo lugar enunciada em antecipação a uma resposta (mesmo quando seja aparentemente enunciada de maneira isolada). Ambos os aspectos se combinam indissoluvelmente para definir "todo o perfil estilístico" do que tenha sido dito ou escrito; mas, o mais importante, esse "perfil estilístico" se abre para a situação (social, ideológica) do enunciado e a revela, na literatura e para além dela. A experiência é dialógica; o próprio mundo é, em certo sentido, dialógico porque nenhum encontro com ele, por mais determinados que seu(s) sujeito(s) possa(m) estar a "monologizar", pode realmente ter lugar sem exposição ao efeito dialógico da língua dos outros, seja como uma "base dialógica" para o encontro com um objeto, seja como uma resposta real ou implicitamente antecipada. O dialogismo é o conceito global em torno do qual gravitam todos os elementos do pensamento de Bakhtin.

7

HETEROGLOSSIA E ROMANCE

Um dos problemas centrais abordado no capítulo 6 — e, sem dúvida, desde o início da obra de Bakhtin — é a questão de onde começa e acaba a "literatura", de como e onde ela se situa contiguamente a outras formas de escrita e de como ela se relaciona, num nível diferente, com o "mundo da vida" que evoca (permanecendo sempre parte integrante dele). Ao final da vida, Bakhtin se lamentou a um dos pesquisadores mais jovens que participavam de sua redescoberta de que seu livro sobre Dostoiévski permanecera encerrado no "círculo imanente dos estudos literários", acrescentando, com aparente desgosto, que "bem poderia ter havido uma saída para outros mundos".

Este capítulo 7 explorará, em continuação de nossa breve descrição de como "O discurso no romance" coroa o conceito de dialogismo, o modo pelo qual esse ensaio marca a transgressão final e profunda feita por Bakhtin de toda fronteira imaginada entre a literatura e "outros mundos". Em "O discurso no romance" e "A pré-história do discurso romanesco", e sem nem mesmo negar a importância do texto literário, Bakhtin se desincumbe de toda restrição detectada no estudo literário "imanente" ou fechado, autossuficiente e situa seu modelo de relações eu-outro firme e explicitamente no contexto de outros mundos — de fato, no contexto do mundo em sua inteireza.

Essa ruptura é alcançada mediante a introdução de duas ideias-chave mutuamente relacionadas: *poliglossia* e *heteroglossia*. Poliglossia, literalmente, "multilinguisticidade" — se refere à interanimação mútua das línguas "nacionais" e insiste: língua alguma é ou foi inteiramente autossuficiente, isolada da influência de outras línguas. Heteroglossia — uma tradução menos feliz, essencialmente referida à "diversidade de discursos" — é o jeito de Bakhtin descrever a condição *interna* de toda língua, sua variação e estratificação, produzida na interação entre falantes individuais e grupos sociais com e contra um "padrão" abstrato de língua. Esses conceitos também sustentam a teoria bakhtiniana madura do romance, assim como aquilo que ele chama de *romancização*, o processo pelo qual a forma do romance (especificamente como ele a concebe) influencia o perfil estilístico de outras formas literárias e de linguagem para além da literatura — ou, em outras palavras, como o próprio romance está sempre e definitivamente em processo de irromper em outros mundos.

POLIGLOSSIA

As observações de Bakhtin sobre a poliglossia ilustram o estilo radicalmente especulativo que marca muito de sua obra a partir dos anos 1930 e pelo qual ele foi, em igual proporção, admirado e criticado. Também é característica dele abordar a poliglossia numa direção, à primeira vista, improvável: ao remontar à "extensa história do discurso romanesco" (PDR 50), que precede a emergência do romance europeu moderno em milênios, ele identifica a persistência de várias formas de "literatura paródica", negligenciadas pela história da literatura, que confrontam e problematizam a "palavra direta". A função desse tipo de literatura é, bem ao pé da letra, rir das pretensões de todo discurso que se apresente como definitivo, que se pretenda inteira e unidimensionalmente adequado a seu objeto. Essas formas incluem a sátira, que tipicamente seguia os três atos de uma tragédia grega; a autoparódia do poeta épico Homero, "Batracomiomaquia — A batalha dos sapos e ratos", e, posteriormente, as paródias medievais das Escrituras. Bem mais tarde, Bakhtin, na versão revisada de seu livro sobre Dostoiévski, identificará as narrativas ampliadas em prosa da sátira menipeia como um exemplo altamente desenvolvido da literatura paródica, enfatizando seu papel na "pré-história" do romance moderno. Essa literatura paródica "separa a palavra de seu objeto, desunifica os dois"; ela expõe o discurso monológico como "unilateral, limitado, incapaz de esgotar seu objeto" (PDR 55):

> A literatura paródica introduz o corretivo permanente da risada, de uma crítica à seriedade parcial da palavra solene direta (PDR 55).

Claro que isso não reflete simplesmente, da parte de Bakhtin, uma preferência pelos gêneros cômicos, uma propensão pelo baixo ou pelo rebelde. De fato, a persistência e a ocasional proliferação da literatura paródica é um sintoma de mudanças de alto nível na cultura na qual elas se dão, mudanças que, como logo veremos, estão relacionadas a mudanças para além dos confins de determinada literatura "nacional".

A "consciência linguística" do ponto de vista da paródia, ao separar a palavra de seu objeto, se posta fora do discurso monológico que ela parodia. As formas paródicas

> liberaram o objeto do poder da linguagem, no qual ele ficou emaranhado como numa rede; elas destruíram o poder homogeneizador do mito sobre a linguagem; elas libertaram as consciências do poder da palavra direta, destruíram as grossas muralhas que aprisionaram as consciências dentro de seu próprio discurso, dentro de sua própria linguagem (PDR 60).

Mas esses "anticorpos paródicos" (N70 133) não "agem sozinhos", como se estivessem totalmente isolados no interior de dada literatura ou cultura; uma coletânea desordenada das formas paródicas por si mesmas — "desabrigadas", como Bakhtin as descreve (PDR 59) — poderia não provocar a revolução na consciência linguística que ele tem em mente. O efeito produzido pela literatura paródica ao distanciar a língua da realidade só se tornou claramente perceptível nos períodos em que outra luz crítica brilhou sobre a ficção da língua como um sistema fechado, autossuficiente — a luz de *outra* língua nacional. A poliglossia (multilinguisticidade) demonstra, vendo "de fora", que determinada língua nacional não é a *única* língua a ter se desenvolvido — e continua a se desenvolver — sob influência de outras formas linguísticas e culturais; as formas paródicas replicam, a partir de dentro, o desafio da autonomia monoglota e monológica.

Como resultado da interação entre forças intrínsecas e extrínsecas que atuam simultaneamente dentro e fora de determinada cultura, se abre uma distância fundamental, a distância da voz dupla, entre língua e realidade. Assim como o sujeito individual carece de *outro* sujeito, situado em uma relação de exterioridade, para poder se tornar o que ele(a) é, do mesmo modo, num nível global, as línguas e as culturas adquirem plena autoconsciência sob o olhar de outra língua, de outra cultura. A exterioridade é essencial para a exposição das pretensões da própria língua, e a poliglossia é o que inicia e condiciona a possibilidade dessa exterioridade máxima:

> A língua é transformada, do dogma absoluto que foi no interior da estrutura estreita de uma monoglossia vedada e impermeável, em hipótese de trabalho para compreender e expressar a realidade (PDR 61).

Em alguns períodos, determinada sociedade pode permanecer "isolada e culturalmente surda" (ER 11), trancafiada no interior de seu próprio "mito nacional" (PDR 65), e consequentemente mais ou menos capaz de apoiar a ficção em sua própria língua como unitária e autossuficiente; em outros períodos, essa sociedade pode estar diretamente exposta à influência linguística e cultural de outra sociedade, forçando sua língua a renunciar ao mito de sua própria autossuficiência atemporal, a-histórica, unitária e a ser objetivada em comparação com outra língua. Para Bakhtin, o exemplo paradigmático é a desintegração do "antigo mito" nacional grego e a transição para a consciência literária bilíngue ou híbrida do Império Romano; os escritos latinos dos romanos estavam condicionados pelo *fato* de seus predecessores gregos, por seu necessário conhecimento da "alterolinguisticidade". A consciência literária do Império Romano era *já e definitivamente híbrida*, e essa hibridez se aprofundou e complexificou no(s) encontro(s) entre essa consciência literária e outros povos não falantes do latim do Império. Essas são as condições nas quais as formas paródicas podem proliferar — como que ecoando o desmascaramento em larga escala da língua como profundamente bivocal, poliglota e diversa (em oposição a monológico, monoglota e unitário). Bakhtin defende que isso só acontece

> sob a condição de uma poliglossia profunda. Só a poliglossia liberta plenamente a consciência da tirania de sua própria língua e de seu próprio mito de linguagem. [...] Onde línguas e culturas se interanimaram umas às outras, a língua se tornou algo de completamente diferente, sua natureza verdadeira mudou; em vez de um mundo ptolemaico à parte, unitário, vedado, surgiu o mundo galileano aberto das muitas línguas animando-se mutuamente umas às outras (PDR, 61, 65)[5].

As formas paródicas às quais Bakhtin se refere são prenúncios de mudança em escala muito ampla: elas são, ao mes-

[5] Bakhtin se refere ao matemático e astrônomo Ptolomeu (c. 90-168 a.C.), cujo modelo de universo foi finalmente superado por Galileo Galilei (1564-1642), uma das figuras mais significativas da emergência da ciência moderna.

mo tempo, sintomas e prova do fato de que a própria língua foi "transformada", de que sua "própria natureza" mudou e de que as tentativas subsequentes de afirmar sua natureza unitária, monológica e monoglota — do modo como persistiram e se intensificaram do século XVIII até o período no qual Bakhtin escrevia — são meras tentativas de manter uma ficção. Essas formas também representam a "pré-história" do romance: incapaz de corresponder ao sistema literário do mundo fechado, monoglota, com seus gêneros dominantes e "finalizados" de épica, lírica e drama, essas formas paródicas finalmente encontrarão um "abrigo" no romance. A poliglossia, que ajuda a tornar a presença de tais formas mais claramente perceptível, na medida em que transforma a "consciência linguística" em um nível global, é então uma precondição essencial para a emergência do romance.

HETEROGLOSSIA

As formas paródicas mediante as quais Bakhtin abordou a poliglossia são também, e talvez mais adequadamente, o meio pelo qual ele se aproxima da questão da estratificação *interna* da língua e do conceito de heteroglossia. Peças satíricas e paródias escriturísticas não cabem em um "gênero superior e sério" (*i.e.*, épica, lírica, drama) porque são muito "*contraditórias*" e, reveladoramente, muito "*heteroglotas*" (PDR 55). De fato, no esquema bakhtiniano, a poliglossia é inseparável do

> problema da heteroglossia no interior de uma língua, ou seja, [d]o problema da diferenciação interna, da característica de estratificação de toda língua nacional (PDR 67).

Noutro lugar, ele fala em "poliglossia externa e interna" (ER 12), um bom modo de pensar a heteroglossia: desde o complemento interno, agindo numa língua, até o processo de interanimação entre línguas. Assim como a poliglossia desnuda a ficção de qualquer língua nacional como unitária a partir de fora, a heteroglossia continua e intensifica esse processo a partir de dentro. A poliglossia cria as condições nas quais o fato da heteroglossia se torna perceptível. As duas são mutuamente complementares, ao se combinarem para "mudar" a língua e nossa percepção dela para sempre:

> Dois mitos perecem simultaneamente: o mito de uma língua que se presume como única; e o mito de uma língua que se presume como completamente unificada (PDR 68).

Embora Bakhtin não tenha avançado no estabelecimento do papel da poliglossia na explosão do mito de uma língua unitária e na preparação de uma consciência literária "bilíngue" (ou multilíngue) — quer dizer, sua análise é extremamente breve, dado o escopo e a significação de suas intenções —, ele oferece muito mais detalhes da "mecânica" da heteroglossia. A poliglossia pode ser uma precondição para a emergência do romance, mas a heteroglossia, como veremos, será o verdadeiro material do romance, a real definição daquilo que é o romance para Bakhtin. Mais uma vez definida a contrapelo da "ficção" voloshinoviana de uma língua unitária, abstrata, a heteroglossia remete à condição da língua como radicalmente *estratificada* em

> dialetos sociais, comportamento característico de grupos, jargões profissionais, linguagens de gênero, linguagens de gerações e de grupos etários, linguagens tendenciosas, linguagens das autoridades, de vários círculos e de modas passageiras, linguagens que servem a propósitos sociopolíticos específicos de certos dias, até de momentos (cada dia tem sua própria palavra de ordem, seu próprio vocabulário, sua própria ênfase) — essa estratificação interna [está] presente em todo momento de sua existência histórica (DR 263).

A língua é, então, necessariamente "ideologicamente saturada" (DR 271), impregnada de pontos de vista, opiniões e horizontes conceituais daqueles que constituem os vários agrupamentos sociais, profissionais e geracionais. A língua, como um "sistema de categorias gramaticais abstratas", é um *construto teórico*, "expressão teórica dos processos históricos da centralização e unificação linguísticas, uma expressão das forças *centrípetas* da língua" (DR

270, destaque meu). Contudo, tais forças, que conseguiram tudo, menos monopolizar a atenção de várias escolas de linguística e de filosofia da linguagem, atuam no interior de uma *heteroglossia* largamente desconhecida, mas não menos real:

> As forças centrípetas da vida da língua encarnadas em uma "língua unitária" operam em meio à realidade da heteroglossia. Em cada momento de seu vir-a-ser, a língua é estratificada não apenas em dialetos linguísticos [...], mas também — e esse é o ponto essencial para nós — em linguagens socioideológicas: as linguagens dos grupos sociais, as linguagens "profissionais e de gênero", as linguagens das diferentes gerações etc. Desse ponto de vista, a linguagem literária é ela mesma apenas uma das linguagens da heteroglossia, e está, por sua vez, estratificada em várias linguagens (de gênero, tendenciosas etc.). Essa estratificação imanente e essa heteroglossia não são apenas estáticas na vida da língua, mas dinâmicas, se ampliando e aprofundando enquanto a língua estiver viva e em desenvolvimento; ao lado das forças centrípetas da língua, há continuamente forças ativas centrífugas: ao lado da unificação e da centralização verbal ideológica, há um processo ininterrupto de descentralização e de separação (DR 271-272).

A heteroglossia é condição subjacente da linguagem, a "realidade" contra a qual lutam as forças centralizadoras e centrípetas da cultura oficial. Estudar língua ou literatura no quadro de referência do unitário e centralizador é, para Bakhtin, não entender a condição fundamental de ambas desde o início.

Contudo, onde se posiciona o falante individual em meio a essas forças? O perigo pode surgir do fato de que o sujeito do modelo eu-outro de Bakhtin, dialogicamente comprometido com seu outro no evento único de ser, pode ser esmagado e se perder em face de forças e propriedades que atuam universalmente. Na verdade, a heteroglossia é a ideia que, em última instância, permite a Bakhtin conectar a particularidade imediata das relações interpessoais à interação social superior:

> Toda enunciação concreta de um sujeito falante é um ponto suscetível tanto a forças centrípetas quanto centrífugas. Os processos de centralização e de descentralização, de unificação e de separação se intersectam

> na enunciação concreta, que satisfaz às demandas de sua "própria" língua como uma corporificação individualizada de um ato de fala, mas que também satisfaz às demandas de heteroglossia, da qual ela participa ativamente. E essa participação ativa de toda enunciação na heteroglossia viva determina o estilo e o perfil linguísticos dessa enunciação em grau não inferior a seu pertencimento ao sistema normativo-centralizador da língua unitária (DR 272).

A construção dialógica do sentido não é um fenômeno restrito ao encontro imediato entre o sujeito e o sujeito (que ouve e responde) no coevento de seu ser; esse encontro, por meio da língua que cada um fala, sua imbricação na realidade heteroglota da língua — "esse ambiente dialogicamente agitado e preenchido pela tensão de outras palavras, avaliações, entonações" (DR 276) — é uma mediação entre as forças centrípetas e centrífugas atuantes na língua. A heteroglossia viva está *encarnada* não apenas no falante individual, mas também na eventicidade do encontro com outro falante/ouvinte. (A resposta antecipada do ouvinte, fator crucial no dialogismo do encontro, também está imbricada de modo similar em "outras palavras, avaliações, entonações".) A heteroglossia, propriedade generalizada de toda língua-em-uso, é repetidamente *dialogizada* no momento da nova enunciação:

> O ambiente autêntico de uma enunciação, ambiente no qual ela vive e toma forma, é a heteroglossia dialogizada, anônima e social enquanto língua, mas simultaneamente concreta, preenchida com conteúdo específico e acentuada como uma enunciação individual (DR 272).

Talvez o conceito de *heteroglossia dialogizada* seja o mais importante no pensamento de Bakhtin como um todo, ao conectar a vida, o momento — o evento — do falante/sujeito individual ao movimento generalizado da língua através das diferentes culturas e épocas. A heteroglossia retira de uma vez por todas o conceito de dialogismo, presente desde o início de modo embrionário no pensamento de Bakhtin, do domínio do puramente interpessoal — mas sem romper sua conexão essencial com esse domínio. Ela também retira decisivamente o dialogismo do domínio do "puramente literário", ao justificar sua definição como um "fenômeno universal, que permeia todo discurso humano e todas as relações e manifestações da vida humana, tudo o que tem sentido e significância" (PPD 40); como agora se reafirma em "O discurso no romance", "a orientação dialógica do discurso é, naturalmente, propriedade de *todo* discurso. É a orientação natural de todo discurso vivo" (DR 279). Assim, de uma maneira que levanta questões radicais acerca da relação entre discursos em contextos interpessoais, "universais" e literários, Bakhtin reimerge imediatamente a heteroglossia no mundo da literatura — ou, mais especificamente, no mundo do romance.

HETEROGLOSSIA E ROMANCE

O que *é*, então, um romance desde o ponto de vista daquilo que Bakhtin repudiou como "estilística tradicional", presa, num abraço mortal, a uma concepção de língua abstrata e unitária? A resposta é, sem exagero, quase nada: o romance frustra o domínio da estilística tradicional, que não pode "isolar uma única característica definida, estável do romance" (ER 8), sem imediatamente qualificar e, portanto, destruir aquela característica como um marcador de gênero. Até mesmo a banalidade de definir o romance como uma "obra ampliada da prosa ficcional" não pode resistir à pressão da variação radical em extensão que aparentemente o gênero possa carregar [(tente comparar *Os Miseráveis* (1862), de Victor Hugo, com *O Estrangeiro* (1942), de Albert Camus a partir de qualquer critério formal ou estilístico significativo), ou o fato de existirem, ainda que em quantidade limitada, romances em versos (Bakhtin se afeiçoou ao envolvente romance em versos de Pushkin, *Eugene Onegin* [1833]), ou o fato de que até a pretensa *ficcionalidade* do romance se torna elemento de legitimação da dúvida em obras tais como *A sangue frio* (1966), de Truman Capote, ou *GB84* (2004), de David Peace.

Para Bakhtin, ao contrário, e exprimindo sua estilística alternativa de alto nível da heteroglossia dialogizada,

> o romance pode ser definido como uma diversidade de tipos de discurso social (por vezes, até mesmo como uma diversidade de linguagens) e uma diversidade de vozes individuais, artisticamente organizada (DR 262).

e

> todo romance é um sistema dialogizado construído de imagens de "linguagens", estilos e consciências [...] (PDR 49).

Da perspectiva contrária, além de depender da heteroglossia para sua definição (e, para Bakhtin, para sua própria existência), o romance é, de fato, o *único* lugar no qual toda a diversidade implicada pela heteroglossia pode ser observada na prática:

> Todas as linguagens da heteroglossia, seja qual for o princípio subjacente a elas e que torne cada uma única, são pontos de vista específicos sobre o mundo, formas de conceitualização do mundo em palavras, visões de mundo específicas, cada uma delas caracterizada por seus próprios objetos, sentidos e valores. Enquanto tais, todas elas podem estar justapostas umas às outras, suplementarem-se mutuamente umas às outras, contradizerem-se umas às outras e estar dialogicamente inter-relacionadas. Como tais, elas encontram umas às outras e coexistem na consciência de pessoas reais — antes e principalmente, na consciência criativa dos romancistas (DR 291-292).

O romance pode ser um lugar realmente privilegiado para a apreensão da heteroglossia, mas isso não deve obscurecer o sentido segundo o qual a heteroglossia é primariamente um *fato social*; a heteroglossia descreve a condição fundamental da língua (discurso), abrangendo todas as formas de interação verbal, literárias ou de outro tipo. Contudo, o romance só é receptivo à heteroglossia, que cresce a partir da condição heteroglota (e poliglota) da língua; o romance absorve e interanima dialogicamente os vários estratos da língua heteroglota, encarnada no discurso do autor e na fala dos personagens, imaginados como pertencentes a um leque diverso de "grupos sociais". Isto torna a heteroglossia perceptível: ela é, para retomar os termos anteriormente usados, tanto um "laboratório de criação" quanto um "*poderoso condensador de avaliações sociais veladas*" (DVDA 76).

Essa receptividade única à heteroglossia faz do romance o único "gênero em via de vir-a-ser" (ER 11); ele é, portanto, na reafirmação radical do conceito bakhtiniano de inacabamento, agora no nível da história literária e social, o único gênero que "pode compreender o processo de vir-a-ser" (ER 7) — em outras palavras, o único gênero adequado à "vindouridade" essencial da existência humana, ao fluxo vivente da experiência humana e ao discurso no qual ele se encarna.

O autor de um romance, portanto, mais do que simplesmente desenvolver enredo, personagem ou tema utilizando todos os recursos estilísticos disponíveis, organiza e *orquestra*[6] os estratos discursivos de uma língua heteroglota em um complexo multicamadas de "imagens de linguagem" dialogizadas, cada uma delas refletindo a visão de mundo de um sujeito encarnado. A própria palavra é "disparada com os sobretons dialogizados" da heteroglossia social (DR 279) — um fato da vida da língua, dentro e além da literatura —, mas cada palavra, cada enunciado potencial é posteriormente ativado no romance como se ele estivesse dialogicamente justaposto às palavras e aos potenciais enunciados de outros personagens e do autor. Essa concepção da relação do autor com a obra e os personagens nela concretiza todas as implicações do *status* quase equivalente que ele atribui às relações do eu-outro e do herói-autor desde sua obra inicial. O herói ou personagem não é meramente criado ou representado pelo autor; está antes "situado em uma área de potencial conversação com o autor, em uma área de *contato dialógico*" (PDR 45); a linguagem do romance não é uniformemente a linguagem do autor, mas frequentemente "a imagem da linguagem do outro" (PDR 44); assim como "a palavra em linguagem é, pela metade, de outro alguém" (DR 293), as palavras no romance não pertencem inteiramente à consciência linguística do autor, que assim cede o controle de vastas áreas do tecido estilístico de sua criação. No romance versificado de Pushkin, *Eugene Onegin*, por exemplo,

[6] A polifonia, como vimos no capítulo 6, é uma metáfora muito sugestiva para Bakhtin.

> o autor está longe de ser neutro em sua relação com [a imagem de língua do outro], discute, concorda com ela (mesmo que sob condições), a interroga, a perscruta, mas também a ridiculariza, exagera-a parodicamente e assim por diante — em outras palavras, o autor está em uma relação dialógica com a linguagem de Onegin; o autor está realmente conversando com Onegin, e essa conversa é elemento constitutivo fundamental de todo estilo romancístico [...]. O autor representa [a linguagem de Onegin], mantém uma conversa com ela, e a conversa penetra o interior dessa imagem-linguagem e a dialogiza desde dentro. E todas as imagens essencialmente romancísticas compartilham essa qualidade: são imagens internamente dialogizadas — de linguagens, estilos, visões de mundo de outro (todas inseparáveis de sua corporificação linguística e estilística concreta) (PDR 46).

Como vimos no capítulo 6 em relação a Dostoiévski — apresentado inicialmente como algo bastante particular e agora revelado como exemplar de um fenômeno muito mais amplo —, uma "consciência una e única do autor" (PPD 9) é uma ficção. Claro que o autor está presente no texto, mas, no ato de criar os personagens do romance, ele lhes concede o *status* de "não apenas objetos da palavra autoral, mas também sujeitos de sua própria palavra significante" (PPD 7), cujas vozes se combinam "de modo particular" com "a palavra do autor e com as vozes igualmente valorizadas dos outros personagens" (PPD 7). A língua do outro é, então, "simultaneamente representada e representante" no romance (PDR 45); é tanto o objeto imediato de representação autoral quanto um tipo de filtro — social, discursivo, conceitual — através do qual o mundo do romance e seus eventos são representados. O autor representa a língua do outro, e essa língua, por sua vez, participa da representação do mundo interno ao romance. O todo do mundo é banhado na luz da heteroglossia dialogizada: não apenas a linguagem, mas objetos, situações, conceitos e eventos históricos estão todos efetivamente dialogizados no romance.

Isso é verdadeiro da *linguagem literária* de toda tradição, que, paralelamente ao falante individual (na vida e na literatura), está "sujeita às forças tanto centrípetas quanto centrífugas" (DR 272) e que passa por mudança constante no processo:

> A língua literária nacional de um povo com uma arte da prosa altamente desenvolvida [...] é, de fato, um microcosmo organizado que reflete o macrocosmo [...] da heteroglossia nacional (DR 295).

A ideia de heteroglossia social facilita uma atualização radical da natureza do "modo particular" segundo o qual as outras vozes presentes no romance se combinam com "a palavra autoral e com as vozes igualmente valorizadas dos outros personagens" (PPD 7), ampliando o foco do quadro estreito das relações interpessoais e extraliterárias para o quadro máximo da totalidade das relações sociais. A heteroglossia representa a "globalização" do princípio dialógico através e além do literário.

INTERLÚDIO: CONSTRUÇÕES HÍBRIDAS EM DICKENS

Bakhtin chama os fragmentos de um romance no qual outra voz (ou vozes) interage dialogicamente com a voz do autor de "híbridos estilísticos" (PDR 76) ou "construções híbridas" (DR 304); não apenas duas línguas, mas duas *vozes*, duas visões de mundo, duas consciências "vivas" são perceptíveis na construção híbrida "sem nenhum dos *marcadores formais*" (DR 303) que normalmente acompanham e, sem dúvida, anunciam a presença de duas vozes (marcando-as como diálogo ou discurso reportado, por exemplo). Essas construções híbridas aparecem onde formas composicionais particulares são utilizadas para introduzir e organizar a heteroglossia no romance — principalmente no desenvolvimento da ideia da proliferação periódica da literatura paródica, chamada por Bakhtin de "estilização paródica" (DR 301). Bakhtin exemplifica isso por meio principalmente do "romance cômico inglês" e, em particular, *A pequena Dorrit* (1857), de Charles Dickens (1812-1870). Por exemplo, o Sr. Merdle é descrito por Dickens no livro 2, cap. 12, do seguinte modo:

> *Oh! Que homem maravilhoso esse Merdle, que grande homem, que senhor, quão abençoada e invejavelmente abastado* — em suma, que homem rico!

Onde a análise convencional identificaria simplesmente leve ironia cômica no comentário posterior do narrador a sua *própria* afirmativa inicial, Bakhtin insiste na presença de duas vozes, que não estão composicionalmente marcadas de modo nenhum no texto original (a primeira delas, que não "pertence" ao autor ou ao narrador, está marcada aqui em itálico); o trecho italizado é uma versão ventríloqua da opinião da "sociedade", e a afirmativa final, um comentário sobre ela na perspectiva do narrador. De modo semelhante, até mesmo a aparentemente anódina observação de que "o Sr. Tite Barnacle era um homem todo engomado, e *consequentemente* pesado" (também no livro 2, cap. 2), provoca a observação de que, a julgar pelos marcadores puramente formais,

> a lógica motivadora da sentença parece pertencer ao autor [ou narrador] [...]; mas, de fato, a motivação jaz no sistema subjetivo de crença de seus personagens, ou na opinião geral (DR 305).

Não é o autor, tampouco o narrador, que julga "peso" para correlacioná-lo à qualidade de ser "engomado"; o autor/narrador observa essa associação como parte da visão de mundo implicada pelo ambiente no qual Barnacle e outros personagens do romance existem.

O segundo desses breves exemplos também demonstra que, embora a estilização paródica seja um dos meios composicionais chave pelos quais a heteroglossia entra no romance, a intenção paródica está longe de ser um pré-requisito absoluto para a voz dupla. Como qualquer leitor de Dickens reconhecerá, sua prosa é saturada dessas construções híbridas, e não apenas em suas passagens cômicas. Em *A casa soturna* (1853), por exemplo, onde Dickens experimenta dois narradores separados (um onisciente, o outro, a intradiegética Esther Summerson, a única narradora feminina na obra de Dickens), os perfis discursivos de ambos repetidamente se fragmentam de maneira que, no nível da superfície, podem indicar falta de controle estilístico; contudo, no nível da análise dialógica, que busca estabelecer os elementos heteroglotas que interagem e se interanimam dialogicamente por baixo da "superfície" formal e estilística, tal fragmentação se transforma em força — de fato, em prova — da sensibilidade do romance ao macrocosmo heteroglota a partir do qual suas vozes e visões de mundo são talhadas. O livro 5, cap. 14, por exemplo, é narrado na perspectiva de Esther, mas sua multiplicidade de "vozes" é imediatamente assinalada por seu título, "Conduta", que carrega a assinatura irônica da voz narrativa onisciente — uma ironia intensificada em cada repetição da palavra, na medida em que o capítulo avança. Caddy Jellyby primeiro descreve a Esther e Ada o pai de Prince Turveydrop nos seguintes termos:

> "Verdadeiro cavalheiro, sem dúvida", disse Caddy. "*Ele é celebrado onde quer que vá por sua conduta*".
> "Ele leciona?", perguntou Ada.
> "Não, ele não ensina nada em especial", respondeu Caddy. "*Mas sua conduta é magnífica*".

A abertura de cada uma das observações de Caddy é dada em seu "próprio" discurso ("não ensina"), mas é em toda ocasião arrematada por sua repetição da opinião recebida; sua fala está contaminada pelo discurso não de Esther, que participa e narra o evento, mas do narrador onisciente nominalmente ausente, que está mais próximo da consciência e do discurso do próprio Dickens. Semelhantemente, quando Caddy vai descrever o próprio Prince Turveydrop:

> "*O nome do jovem Sr. Turveydrop é Prince*; eu gostaria que não fosse, porque soa como nome de cão, *mas é óbvio que ele não se batizou a si mesmo*".

O primeiro segmento em itálico pertence ao discurso de Esther, como se ela estivesse falando diretamente com o leitor; a expressão de pesar seguinte é tanto de Esther quanto de Caddy; e o segmento final em itálico é, outra vez, o discurso irônico do narrador onisciente nominalmente ausente ("Dickens"). O efeito geral é o de uma conversa entre Caddy e uma empática Esther, entreouvida e "enquadrada" para efeito cômico por uma voz autoral nominalmente ausente. Só Caddy "fala", mas o discurso é heteroglota, socialmente diferenciado — seu perfil estilístico revela a arquitetônica do evento do encontro de nada menos que três consciências.

Tais híbridos estilísticos estão presentes por todo o Dickens, e a posição de Bakhtin é que eles estão realmente presentes, em variada medida, em toda a prosa romântica. Contudo, quando nos voltamos para os romances do século XX, nos quais a dramatização e a exposição das relações determinadas por estrato social, etnicidade e gênero é o objetivo explícito, a extensão e o perfil dos híbridos estilísticos que podemos identificar em um escritor como Dickens começam a parecer ou limitados ou, contrariamente, extremamente refinados e sutis. A visível distância entre Caddy Jellyby e Esther Summerson, por exemplo, tomados como "ponto[s] suscetíveis tanto às forças centrípetas quanto centrífugas", cada uma das quais trazendo ao diálogo sua linguagem social, geracional e profissionalmente marcada, é relativamente pequena. Se precisássemos substituir o encontro entre Spud Murphy e seus entrevistadores em uma entrevista de emprego que ele teve de fazer por indicação do Unemployment Benefit Office em *Trainspotting* (1993), de Irvine Welsh (*1958), por exemplo, o alcance das linguagens heteroglotas em jogo se torna extremamente amplo, a matriz das forças sociais se torna mais complexa; de maneira mais significativa, a *intencionalidade* das construções híbridas se torna mais profunda, seu comentário e julgamento dos eventos e do contexto do romance se tornam mais explícitos. Vale a pena notar, contudo, que isso também é verdade no mundo quase monolíngue de *How Late It Was, How Late*, de Kelman, no qual os "elementos" das construções híbridas são extraídos de um "único" dialeto; contudo, eles se mantêm como construções híbridas porque duas vozes e duas consciências se fazem presentes nelas — por mais similares que essas vozes possam parecer.

Híbridos estilísticos intencionais permitem ao romance extrapolar do evento "local", interpessoal, para as generalizações sociais e históricas mais amplas, mas sem perder a força da imediatidade tradicionalmente associada à caracterização ficcional reconcebida segundo os termos especificamente bakhtinianos da arquitetônica do evento. O romance, seja nos domínios macrocósmicos de pós-colonialidade ou de relações de classe e de gênero, seja no domínio microscómico das relações interpessoais, é uma máquina de dialogização das línguas socialmente heteroglotas, um único "plano comum" sobre o qual, como vimos, as linguagens de heteroglossia se confrontam e se interanimam umas às outras.

ROMANCIZAÇÃO

Essa capacidade única do romance tem implicações claras e significativas para todas as outras formas e gêneros literários, que podem ser abordados pela retomada de uma pergunta já implícita: se a língua é fundamentalmente heteroglota e o dialogismo, um "fenômeno universal que permeia toda a fala humana e todas as relações e manifestações da vida humana, tudo o que tem sentido e significação" (PPD 40), por que Bakhtin insiste tanto em reivindicar que a poesia, em vez de ser simplesmente menos agradável ou receptiva, é de fato ativamente *resistente* à heteroglossia dialogizada? A resposta a esta pergunta pode ser encontrada na afirmativa *contrária* de Bakhtin de que o dinamismo dialógico do romance, "o único gênero mais jovem que a escrita e o livro" (ER 3), é trazido ao ser mediante a ativação de uma consciência literária bilíngue ou multilíngue associada à poliglossia e à heteroglossia. A poesia, ao contrário, tanto quanto a épica (em verso ou não), já teve assegurada uma posição canônica como modo literário predominante de uma *linguagem unitária abstratamente concebida*. "O conceito de discurso poético, que esteve no núcleo de todos os conceitos de estilo", é uma "expressão [histórica] das forças centrípetas da língua" (DR 270), de fato, a expressão literária dominante dessas forças, que arrasta todos as outras formas de expressão literária para sua órbita (de onde a tendência da "estilística orgânica" de se equivocar com o romance). O romance, veículo e produto da heteroglossia dialogizada, foi visto como um gênero "poético" defectivo por séculos de uma crítica que é, em si mesma, expressão do "monologismo ideológico dos tempos modernos" (PPD 88), veículo e produto do conceito de língua unitária. Um ponto de vista crítico que busque estabelecer a "estilística mais alta" da heteroglossia dialogizada deve, então, da perspectiva contrária, expor a poesia como um gênero "romanesco" defectivo. O discurso poético, afirma Bakhtin, não pode ser o veículo primário da "consciência multilinguística" e do "discurso de voz dupla" por ter sido formado na época da predominância de seus opostos, a época do monoglota, do unitário, do centralizador.

Leitores mais recentes de Bakhtin podem objetar razoavelmente não apenas que ele próprio oferece reiterada exemplificação de material poético — Dante, Pushkin, Rilke — mas, além disso, que a direção da poesia moderna desde Bakhtin — de Frank O'Hara (1926-1966) a Benjamin Zephaniah (*1958) — desaprovou expressivamente toda dedução das limitações dialógicas e heteroglotas da poesia por conta de sua *gênese* na monoglossia. A irresistível resposta de Bakhtin é que isso simplesmente é inteiramente consistente com sua teoria porque a poesia, na época do surgimento e do consequente domínio do romance, tornou-se gradual, mas decisivamente *romancizada*:

> Em muitos aspectos, o romance antecipou, e continua a antecipar, o desenvolvimento futuro da literatura como um todo. No processo de se tornar o gênero dominante, o romance facilita a renovação de todos os outros gêneros, ele os contagia com seu espírito de formação e de inacabamento. Ele os arrasta irresistivelmente para sua órbita exatamente porque essa órbita coincide com a direção básica do desenvolvimento da literatura como um todo (ER 7).

A poesia buscou apagar a luz da heteroglossia dialogizada e conceber objetos, situações, conceitos e eventos históricos em sua própria linguagem unitária; mas ela começa a "soar [...] de uma nova maneira" na medida em que o romance vai superando gradualmente o passado monológico. Até mesmo o poeta, uma vez "enunciativamente imerso em [sua própria língua] como expressão pura e direta de sua própria intenção" (DR 285), opera "em meio à realidade da heteroglossia" (DR 271).

Talvez este seja o exemplo mais extremo, no contexto especificamente literário, da repetida insistência de Bakhtin na prevalência da forma arquitetônica sobre "a superfície, a forma composicional": no caso geral da língua, a forma arquitetônica do enunciado, ao encarnar todos os elementos da situação discursiva concreta, tem preferência sobre a forma de "superfície" puramente abstrata da sentença; em literatura, a forma arquitetônica encarna a matriz dos elementos heteroglotas dialogizados presentes na obra e tem preferência sobre os indicadores formais de "superfície" (ritmo, métrica etc.). Ao retomar a paródia como sua forma preferida de revelação das relações discursivas subjacentes, Bakhtin está preparado até mesmo para defender que "os gêneros parodiados não pertencem aos gêneros que eles parodiam; ou seja, um poema paródico não é, de modo algum, um poema" (PDR 59). Em outro ponto, repudiando em um só gesto a maioria dos "historiadores da literatura", Bakhtin insiste em que esses historiadores geralmente classificam um "poema romântico" como, de fato, um "poema romanesco" (ER 7); o gênero em si não é uma questão de forma composicional, de superfície, mas da extensão em que toda forma ou modo tenha sido romancizado — tenha se tornado receptivo ou determinado pela heteroglossia dialogizada.

RESUMO

A *heteroglossia* descreve a estratificação interna de uma língua nacional em uma série de "dialetos sociais", ideologicamente saturados pelas visões de mundo de seus falantes; é o correlativo interno da *poliglossia*, que descreve a interanimação mútua das línguas nacionais, o momento em que a língua em geral se distancia de si mesma e a partir do qual sua natureza essencial de voz dupla se torna inegável — ativamente constitutiva de uma nova forma de consciência linguística. A heteroglossia é o conceito que amplia explicitamente o conceito bakhtiniano fundamental das relações eu-outro para além do campo localizado das relações interpessoais; ela também amplia a extensão da teoria bakhtiniana da língua literária para além dos limites da "literatura", convencionalmente concebida. O romance emerge não apenas como o gênero literário única e maximamente receptivo à heteroglossia social — um *social* oposto ao fato literário — mas, na verdade, como o lugar preeminente no qual as muitas línguas da heteroglossia podem ser observadas em sua interanimação mútua. O romance facilita o encontro dialógico de "imagens de linguagem", *heteroglossia dialogizada,* que se torna a verdadeira definição do romance. Todo falante individual, cada "enunciado concreto" — no romance e, consequentemente, na vida social — é um ponto suscetível às forças centrípetas e centrífugas da língua; todo falante individual — e toda enunciação concreta — é, portanto, um ponto no qual a língua se refaz e evolui ativamente no processo de seu uso vivo. Os efeitos dessa evolução ativa, viva, de uma língua heteroglota também se manifestam em outros pontos do sistema literário, na medida em que outros gêneros e modos se tornam cada vez mais "romancizados", enquanto a heteroglossia predomina cada vez mais e seu "suporte", o próprio romance, se transforma no gênero literário dominante. Nesse processo, as fronteiras entre literatura e vida social, entre língua literária e língua não literária se tornam cada vez mais porosas; literatura, língua e cultura são dialogicamente vivas "na fronteira entre [seu] próprio contexto e outro contexto, alheio" (DR 284).

8

CRONOTOPO

Cronotopo, um termo originado na ciência e na matemática, é introduzido no estudo literário e cultural por Bakhtin no longo ensaio "Formas de tempo e de cronotopo no romance", quase todo escrito em 1937-1938, mas publicado em russo apenas em 1975 (em inglês em 1981 e em português brasileiro em 1993). A palavra consiste simplesmente nos termos gregos *khronos* (tempo) e *topos* (espaço), e é definida, de uma maneira inesperadamente direta para Bakhtin, como "a conexão intrínseca das relações temporais e espaciais artisticamente expressas pela literatura" (FTC 84). De modo semelhante ao repúdio anterior de Bakhtin à natureza metafórica do termo "polifonia" — uma "analogia gráfica, nada mais" (PPD 22) —, o cronotopo é tomado de empréstimo à crítica literária "quase como uma metáfora (quase, mas não totalmente)" (FTC 84); mesmo assim, há muito em jogo neste "não totalmente", na medida em que o cronotopo se demonstra uma categoria mais autônoma e autossuficiente do que a polifonia (que, como vimos, é pouco mais que um ponto de parada conveniente entre o modelo bakhtiniano original das relações eu-outro e sua expressão madura no conceito de dialogismo). O cronotopo é um dispositivo estruturador poderoso e adaptável para a análise literária, que, argumenta Bakhtin, tem também "uma significação genérica intrínseca. Pode-se até mesmo dizer ser exatamente o cronotopo que define gênero e distinções genéricas" (FTC 84-85); este capítulo, portanto, abordará o cronotopo como uma categoria especificamente literária, destacando seu valor em termos de narrativa e gênero, depois expandirá essa análise para refletir sobre a utilidade do cronotopo para além do campo puramente literário.

TEMPO (PRINCIPALMENTE) E ESPAÇO

Bakhtin situa o cronotopo na insistência kantiana de que espaço e tempo são "formas indispensáveis de toda cognição, começando com as representações e percepções elementares" (FTC 85), mas diverge em sua própria insistência de que espaço e tempo não são categorias "transcendentais", mas "formas da realidade mais imediata" (FTC 85). Isso é desenvolvido de uma maneira que evoca vividamente não apenas a centralidade, para Bakhtin, tanto da corporificação quanto do inacabamento, mas também a presença constante de seu modelo das relações eu-outro concebido em sua eventicidade:

> No cronotopo literário artístico, indicadores espaciais e temporais se fundem em um todo concreto cuidadosamente pensado. O tempo, por assim dizer, se adensa, ganha corpo, torna-se artisticamente visível; de

modo similar, o espaço se torna carregado e responsivo aos movimentos do tempo, do enredo e da história (FTC 84).

O cronotopo funciona como o

> meio primário de materialização do tempo em espaço, [...] de concretizar a representação, como uma força dando corpo a todo o romance. Todos os elementos abstratos do romance — generalizações filosóficas e sociais, ideias, análises de causa e de efeito — gravitam rumo ao cronotopo e, através dele, ganham carne e sangue (FTC 250).

O cronotopo é uma maneira de diferenciar e de classificar os modos segundo os quais a imagem do sujeito humano, inseparável, mas irredutível ao corpo que ocupa espaço e se move no tempo, é representado (mas não finalizado) no texto literário. Essa classificação ativará a capacidade dos valores temporais e espaciais de todo ambiente ficcional dado para facilitar a "posse" da eventicidade de ser, para permitir a representação de uma imagem viva, oposta àquela que, diferentemente, pode ser descrita como "abstrata", "fixa" ou "monológica". Embora, em Bakhtin, o cronotopo esteja intimamente relacionado de maneira muito clara a categorias e conceitos anteriores, ele é peculiar por imergir aparentemente às *expensas* de uma insistência na importância primária da linguagem, que impulsionou as mudanças-chave no pensamento de Bakhtin até esse ponto. A heteroglossia e um foco *explícito* no dialógico agora retrocedem do primeiro plano no pensamento de Bakhtin; o cronotopo representa um tentativa paralela de reconceber os preceitos bakhtinianos nucleares para o propósito específico da análise literária, se não exatamente "sem" linguagem, pelo menos então de maneira a implicar certa forma de recuo da centralidade absoluta da linguagem. A própria linguagem agora se transforma em um fenômeno (quase) secundário, que, como veremos, também deve ser cronotopicamente concebido.

O tempo, como oposto à linguagem, é de fato "a categoria primária no cronotopo [...] em literatura" (FTC 85); o cronotopo é um modo de "ver" o tempo no mundo físico e espacial. Embora a literatura, do "romance" grego ao romance realista do século XIX, tenha sido adepta de representar a "imagem [física] do homem", tais literaturas, elas mesmas divergentes em termos de lugar e tempo, podem ser distinguidas em termos da "forma do tempo" particular que organiza e condiciona sua representação do mundo físico e dos personagens que se movem através dele. Assim como o tempo é "visível" na imagem representada, do mesmo modo, dentro dos diferentes cronotopos, as pessoas e lugares são representados como suscetíveis ao movimento do tempo (e da história). Os cronotopos são modos de descrever a estrutura narrativa de uma obra específica — e talvez de um gênero ou época particulares — em termos temporais e espaciais unificados, portanto, de entender a significação de tudo o que se move ou é representado dentro desse quadro. Em algumas literaturas, em determinados cronotopos e em relação a alguns personagens e situações, pode haver — para falar claramente — mais ou menos "movimento". É tarefa de Bakhtin, em "Formas de tempo e de cronotopo no romance", apresentar uma tipologia provisória dos diferentes "cronotopos no romance" que evoluíram no decorrer da história da literatura europeia, a começar do romance grego, concentrando-se em François Rabelais (c. 1494-1553), a caminho do período moderno. Selecionaremos elementos particulares da tipologia bakhtiniana para fornecer uma descrição prática dos cronotopos em ação e uma exemplificação de seu uso e de seu valor na análise literária, fazendo também referência, onde apropriado, a duas obras nas quais a significação do cronotopo para a história literária é mais desenvolvida, a saber, "O *Bildungsroman* e sua significação na história do realismo (para uma tipologia histórica do romance)" (1936-1938) e "Epos e romance" (1941).

TEMPO DE AVENTURA E TEMPO BIOGRÁFICO NA ESTRADA DO VIR-A-SER

Bakhtin identifica uma forma de tempo na "novela" ou "romance" grego, por ele nomeada de "tempo de aventura", cujo uso em novelas como a *História etíope* (*Aethiopica*), de Heliodoro de Emesa

(c. 220-250 d.C.) "é tão perfeito, tão pleno que, em toda a subsequente evolução da novela de pura aventura nada de essencial foi acrescentado a ela até hoje" (FTC 87). Embora a ação do enredo se "desenrole" tipicamente "contra um pano de fundo muito amplo e geograficamente variado" e embora os personagens "experimentem um número quase improvável de aventuras", tipicamente na forma da experiência de provações e da superação de obstáculos (FTC 88, 90), eles emergem essencialmente inalterados. O tempo "não é medido na novela e nada acrescenta; ele é simplesmente dias, noites, horas, momentos" (FTC 90). Esse tempo de aventura

> carece de toda ciclicidade natural, cotidiana, na qual deveria ter sido introduzida uma ordem temporal e índices de escala humana, que deveria ter sido conectada aos aspectos repetitivos da vida natural e humana. [...] [As] sequências de tempo [do romance grego] não são históricas, cotidianas, biográficas, nem mesmo biológicas ou maturacionais. [...] Nesse tempo, nada muda: o mundo permanece exatamente como era, a vida biográfica dos heróis não muda, seus sentimentos também se mantêm inalterados — as pessoas nem sequer envelhecem (FTC 91).

Contudo, nas "novelas" romanas, *O asno de ouro*, de Apuleio (c. 125-80 d.C.), e o *Satiricon*, de Petrônio (c. 27-66 d.C.), o tempo de aventura se combina com aquilo que Bakhtin chama de "tempo cotidiano"; além disso, seus enredos são movidos pelo dispositivo da metamorfose:

> Metamorfose (transformação) é um invólucro mitológico para a ideia de desenvolvimento — mas um invólucro que se desdobra não tanto em linha reta, mas espasmodicamente, uma linha de "nós" nele [...]. Com base na metamorfose, um novo tipo de representação é criado, uma representação de uma vida humana toda em seus momentos fundamentais, *críticos: como uma pessoa se torna outra* (FTC 113, 115).

A combinação do tempo de aventura com o tempo cotidiano ainda não é exatamente um "tempo biográfico", visto que ele "retrata apenas os momentos excepcionais, totalmente incomuns da vida de uma pessoa, momentos muito curtos se comparados a toda a extensão da vida humana"; mas ele se distingue do puro tempo de aventura, que "não deixa marcas": "Ao contrário, ele deixa uma marca profunda e inextirpável" (FTC 116). Ele é propriedade de um cronotopo diferente, mais complexo do que o cronotopo de aventura em sua forma pura, permitindo uma representação mais sofisticada (acabamento artístico) do sujeito humano em toda a sua concreta e, pelo menos aqui, *apenas em alguma medida* realidade *em desenvolvimento*. Contudo, ele segue sendo inadequado para a construção de uma narrativa que possa satisfazer a promessa feita na frase "*como uma pessoa vem a ser outra*", que permita a representação de "vir-a-ser (*stanovlenie*) no sentido preciso da palavra" (FTC 115). Ele ainda não pode lidar com toda a complexidade e movimento daquilo que Bakhtin chamava anteriormente de "a realidade histórica do [...] ser", "realmente vindo ao ser" (PFA 2, 1).

O tratamento bakhtiniano de "biografia e autobiografia antigas" (FTC 130-146) é projetado para assinalar a próxima fase de desenvolvimento de formas de tempo e de cronotopo, uma fase em que o tempo biográfico emerge para permitir um tipo de representação de "novas especificações, aquelas de um indivíduo que passa pelo curso de uma vida toda" (FTC 130). Talvez essa trajetória fique mais clara para o leitor moderno na parte do ensaio de Bakhtin sobre o *Bildungsroman* — ou o romance de formação ou de educação — que sobreviveu à dupla ameaça do bombardeio alemão e à escassez de sedas para enrolar cigarros; sem dúvida, o *Bildungsroman*, fundamentalmente definido por uma preocupação com o modo como seu personagem principal "vem a ser outro" no contexto de "toda" [a sua] "vida humana", talvez seja o mais claro exemplo de um gênero definido por seu cronotopo. De fato, o ensaio sobre o *Bildungsroman* anuncia sua própria preocupação central como a representação da "imagem humana num *estado* de vir-a-ser no romance" por meio da "assimilação do tempo histórico real e da pessoa histórica real" (BSHR, 19). Ele não busca distinguir os cronotopos e sua exemplificação exclusivamente a partir de romances antigos específicos, mas em todos os subgêneros romancísticos classificados "segundo o princípio da construção da imagem do herói principal" (BSHR, 10). A tipologia resultante é implicitamente hierárquica, avançando do que Bakhtin agora chama de "romance de viagem", dependente do tempo de aventura (BSHR,10-11), passando pelo "romance de provação", até um relato do desenvolvimento dos "romances biográficos" de um tempo biográfico "absolutamente real" espelhado na seção sobre "biografia e autobiografia antigas" suprarreferida. Enquanto o enredo no romance de provação sempre se concentra num desvio "do curso da vida social e biográfica normal" (BSHR, 14) e os testes ou provações aos quais o herói está sujeito "não se tornam experiência formativa para ele [*sic*], eles não o mudam" (BSHR, 13), o enredo do tempo biográfico "não se constrói sobre desvios do curso de vida normal e típico, mas exatamente sobre os aspectos básicos e típicos do curso de toda vida: nascimento, infância [etc.]" (BSHR, 17); "todo evento se localiza no todo desse processo de vida" (BSHR, 18), e o herói é trazido para a interação real, concreta com seu ambiente e suas coordenadas temporais. Não obstante, o tempo biográfico é ele mesmo limitado e não permite "nenhum processo verdadeiro de vir-a-ser ou de desenvolvimento"; isso porque os eventos da vida retratada estão contidos no quadro temporal dessa vida e ainda "não conhecem o verdadeiro tempo histórico" (BSHR, 18). O mundo além da vida retratada é visível e não atua meramente como um "pano de fundo" dessa vida; contudo, os eventos do romance não afetam o mundo além dele.

Além do "romance" biográfico, há uma gama de romances que Bakhtin chama explicitamente de "romances de vir-a-ser", dos quais o *Bildungsroman* inaugural de fins do século XVIII é um exemplo limiar. O cronotopo desses romances é determinado por seu "grau de assimilação do tempo histórico real" (BSHR, 21); o ponto chave, porém, não é que o grau dessa assimilação permaneça limitado até mesmo no *Bildungsroman* — seu "mundo, como uma experiência e como uma escola, permaneceu o mesmo, fundamentalmente imóvel e imitativo, dado" (BSHR, 23) — mas que "a assimilação do tempo histórico real" venha a ser o objetivo primário do romance, uma procuração na medida em que esse ou aquele tipo de romance é adequado à representação do mundo — com o ser humano nele — na plenitude de sua emergência. Bakhtin está despudoramente em busca de um tipo de romance no qual, finalmente,

> o vir-a-ser de uma pessoa se cumpre no tempo histórico, com toda a sua necessidade e plenitude, com seu futuro e sua cronotopicidade profunda (BSHR, 23).

O *David Copperfield* (1850), de Dickens, é identificado como um avanço incremental adicional ao *Bildungsroman* enquanto tal, ainda dominado pelo tempo biográfico, mas no qual, não obstante, "a emergência do destino da vida humana se funde com a emergência da própria pessoa humana" (BSHR, 22). Contudo, é *Wilhelm Meister* (1795-1796), de Goethe, que preenche mais integralmente o papel do romance como meio de assimilação do tempo histórico real, levando o romance de emergência a um estágio ulterior de seu desenvolvimento. Aqui, o mundo não é mais "um ponto de orientação imóvel para o homem em desenvolvimento" (BSHR, 23). A emergência do personagem, seu desenvolvimento, seu vir-a-ser outro,

> não é mais um assunto humano privado. Ele emerge *junto com o mundo* e reflete a emergência histórica do próprio mundo. Ele não está mais dentro de uma época, mas na fronteira entre duas épocas, no ponto de transição de uma para outra [...] É como se os próprios alicerces do mundo estivessem mudando, com o homem tendo de mudar com eles (BSHR, 23-24).

Esses não são os únicos cronotopos identificados por Bakhtin como sendo significativos para o desenvolvimento da literatura ocidental, para o romance em particular. Ele dedica atenção considerável ao *cronotopo idílico*, marcado pelo "tempo folclórico" e pela estreita relação dos eventos com um "mundinho espacial [...] limitado e suficiente em si mesmo" (FTC 225; 224-236), e consagra ainda maior atenção ao excepcional, e para Bakhtin extremamente importante, caso do *cronotopo rabelaisiano*, que está, de certo modo, relacionado ao cronotopo idílico, mas que tem uma definição expandida como "o completamente irrestrito cronotopo universal da vida humana" (FTC 242; 167-206) — nos vemos até tentados a renomeá-lo como o *cronotopo utópico*, não fossem as contradições terminológicas implicadas por um nome como esse (*utopia* — lit. "não lugar"). Numa série de passagens notáveis apensas ao ensaio sobre o cronotopo em 1973, antes de sua publicação (às quais teremos motivos de voltar), Bakhtin também enumera uma série de cronotopos "menores" derivados das categorias maiores que ele construiu em torno do tempo de aventura, do tempo biográfico e, finalmente, da emergência e do tempo histórico real e que as complementam. Essa série inclui o *cronotopo da estrada*, uma variante do *cronotopo do encontro*, no qual "é como se o tempo se fundisse com o espaço e fluísse nele (formando a estrada); [...] seu eixo fundamental é o fluxo do tempo" (FTC 243-244); o *cronotopo do castelo*, característico do romance gótico e também significativo para o desenvolvimento do romance histórico (FTC 245-246); o *cronotopo da cidade interiorana*, uma variação do cronotopo idílico, no qual o espaço é estritamente delimitado e o tempo é uma mescla do cíclico e do cotidiano (FTC 247-248); e o *cronotopo do limiar*, que enfatiza a crise e o deslocamento no decorrer dos eventos e que se caracteriza pela ação súbita ou instantânea (FTC 248). Esses cronotopos individuais não estão necessariamente marcados por uma única forma de tempo, mas evoluem pela incorporação de formas diferentes e, às vezes, até mesmo potencialmente contraditórias, como vimos inicialmente no exemplo de *O asno de ouro* de Apuleio, que mescla o tempo de aventura com o tempo cotidiano.

De modo semelhante, se retornarmos ao ponto da análise bakhtiniana em que o assim chamado romance "realista" do século XIX está pronto para emergir e "completar" o processo de maximização "do grau de assimilação do tempo histórico real", é importante enfatizar que os romances não são necessariamente — nem mesmo frequentemente — determinados pela influência de um único cronotopo. Diferentes romances serão definidos por aspectos de mais de um cronotopo, cada um influenciando o todo em graus diferentes. Cada romance individual atua como um "suporte" dos cronotopos transmitidos pela história literária e, de fato, os modos pelos quais esses cronotopos estão organizados no romance definirão a maneira com que sua narrativa é formatada. Como Bakhtin escreve:

> Dentro dos limites de uma só obra e dentro do impulso literário total de um só autor, podemos perceber vários cronotopos diferentes e interações complexas entre eles, específicas de determinada obra ou autor; além disso, é comum um desses cronotopos abarcar ou dominar os outros [...]. Cronotopos são mutuamente inclusivos, eles coexistem, podem se entrelaçar, substituir ou se oporem um ao outro, contradizer um ao outro ou se verem envolvidos em inter-relações ainda mais complexas (FTC 252).

O modo dessa coexistência determinará a narrativa e o perfil estilístico de determinada obra, mais até, digamos, do que sua relação com categorias literárias tais como "realismo" ou "simbolismo".

Um exemplo concreto pode esclarecer esse importante ponto. *Jane Eyre* (1847), de Charlotte Brontë, pode ser considerado como estruturado principalmente pelo tempo biográfico e, em grande medida, de acordo com o perfil do *Bildungsroman* (especialmente em seus capítulos iniciais em Gateshead e Lowood). Mesmo que o quadro dominante seja complicado pela presença, no romance, de elementos do gótico e do "cronotopo do castelo", que estruturam os eventos em Thornfield e iluminam a narrativa romântica envolvendo Jane e Rochester com uma luz muito diferente daquela, por exemplo, do cronotopo idílico, no qual a resolução do enredo romântico central nunca padece dúvida (as demandas de um tempo folclórico, cíclico). No entanto, os eventos em Thornfield também estão concentricamente contidos por aquilo que podemos chamar de *cronotopo colonial*, que, na pessoa de Bertha Mason, se funde com o gótico para produzir contradições narrativas especialmente poderosas. Toda a narrativa se estrutura seguindo as inter-relações dos cronotopos de romance. Além disso, o cronotopo idílico não está ausente do romance, e o drama da recuperação ou da renúncia ao idílio, que Bakhtin identifica como crucial para o desenvolvimento do romance, é realizado — fundido à busca espiritual (e social) de Jane — em sua salvação em Marsh End e, por fim, na restauração do idílio — e na aparente resolução das contradições narrativas em Ferndean. O cronotopo idílico, fundido ao crescimento biográfico implicado pelo *Bildungsroman*, finalmente impulsionou o cronotopo gótico (o cronotopo do castelo é destruído com a destruição significativamente prenunciada de Thornfield Hall) e o cronotopo colonial para as margens invisíveis da narrativa. Em um paralelo com a junção bakhtiniana de *Wilhelm Meister*, de Goethe, "o processo de reeducação [de uma mulher!] se entrelaça com o processo de quebra e reconstrução de uma sociedade, ou seja, com o processo histórico" (FTC 234). A extensão da implicação ou do reflexo da "quebra e reconstrução de uma sociedade" em *Jane Eyre* está inteiramente relacionada com a orquestração de seus cronotopos.

Bakhtin não vai além do século XIX em sua identificação da influência histórica dos cronotopos, mas indica claramente que *todos* os subgêneros romancísticos são determinados e podem ser identificados por meio da matriz particular de cronotopos estruturante de suas narrativas. Não é difícil ver o romance policial, o romance de guerra, o romance acadêmico, para citar uns poucos exemplos, como *cronotopicamente* construídos em sua essência. Talvez seja mais complexo, mas não menos justificado, conceber o romance modernista, que Bakhtin aborda noutro lugar — embora tentativamente — em termos do "*infinito interior*" (RM 44), como um processador final de formas de tempo e como o iniciador de um cronotopo próprio. Também se pode inferir da análise de Bakhtin que ele poderia ter levado em conta muitos exemplos do romance *pós-moderno* como indicadores de uma *reversão* da aparição gradual de romances de emergência, da sempre crescente capacidade da literatura de "assimilar o tempo histórico real" — como romances definidos por um anticronotopo. Em termos gerais, porém, Bakhtin é cristalino: os cronotopos — especificamente os cronotopos maiores descritos em sua discussão — "habitam no coração de variedades específicas do gênero romance" (FTC 252); todos os subgêneros romancísticos são cronotopicamente definidos e podem ser cronotopicamente distinguidos uns dos outros.

CRONOTOPO E HISTÓRIA

O tempo pode ser "a categoria primária" do cronotopo literário, mas isso não deveria levar à inferência de que o tempo é algo de interesse *primário*, na medida em que se manifesta nos romances e os condiciona. Como vimos, desde o início, Bakhtin estrutura sua análise como um desenvolvimento da proposição kantiana de que tempo e espaço são "formas indispensáveis de toda cognição, a começar das percepções e representações elementares" (FTC 85), "materializando-a" e alinhando-a com sua própria concepção da eventicidade ao insistir em que tempo e espaço também são "formas da realidade quase imediata" (FTC 85). Num paralelo com as maneiras pelas quais o conceito de heteroglossia facilita a socialização e a historicização da atividade discursiva de sujeitos individuais (autores, personagens e seres humanos vivos) sem generalizar ou perder de vista sua eventicidade, o cronotopo também é concebido como algo que não é apenas — e, sem dúvida, talvez não primariamente — um fenômeno literário. O tempo pode vir a ser "artisticamente visível" no cronotopo literário, e o espaço responsivo aos movimentos do tempo e enredo, mas tempo e espaço também são coordenadas da *história*. A teoria do cronotopo é mais que uma tentativa de concretizar o tempo literário; é uma tentativa de conceber a própria história em termos materiais concretos, mas sem apagar o valor e a importância do que de particular toda generalização aparente pode implicar.

Isso é indicado em várias oportunidades no ensaio sobre o cronotopo, mas nunca tão vividamente quanto na referência de Bakhtin à *Dialética da natureza* (1883), de Friedrich Engels (1820-1895) e em sua declaração de que, com o advento do Renascimento, "as fronteiras do velho *orbis terrarum* foram rompidas" (Engels 1883; FTC 206). Para Engels, um novo mundo foi "descoberto", aconteceu uma revolução de consciência que banha todo fenômeno — das relações sociais e econômicas à literatura — em uma luz inteiramente nova, abrindo caminho para a emergência da revolução científica. Para Bakhtin, *o próprio tempo* mudou; além de fazer parte do quadro no qual tudo o mais deve ser entendido — este é o ponto de partida do cronotopo —, o entendimento humano do tempo também está sujeito ao "enquadramento" cognitivo: o próprio tempo não é o mesmo para os antigos, para os burgueses habitantes do século XVIII ou para os habitantes do globalizado século XXI. Na época de Rabelais (e do nascimento do romance europeu moderno),

> era preciso encontrar uma nova forma de tempo e uma nova relação do tempo com o espaço [...]. Fazia-se necessário um novo cronotopo que permitisse unir a vida real (história) à terra real [...] um tempo produtivo e criativo, um tempo medido pela criatividade, pelo crescimento e não pela destruição (FTC 206).

Esse "novo cronotopo", identificado por Bakhtin em seu contexto *literário*, é ele mesmo produto do ambiente extraliterário do Renascimento e do período imediatamente posterior. Assim como a poliglossia — o nascimento de uma consciência multilíngue — alterou a natureza da língua e nosso entendimento dela para sempre, o tempo também é "alterado" no Renascimento, a ponto de fazer mais sentido considerar o Renascimento não como um "período" ou uma "revolução cultural", e sim como um *cronotopo*. Bakhtin afirma: cronotopos são meios efetivos de analisar o interior dos textos literários porque esses textos emergem de um ambiente — a soma total das forças ideológicas e sociais em ação em seu tempo — ele mesmo profundamente cronotópico. Por isso, cronotopos não são apenas (nem mesmo primariamente) modos de entender o texto literário; eles também são meios de entender a *história*, entendendo-se por história, para retomar os termos que encontramos no capítulo 3, não de maneira puramente abstrata (ou teórica), mas em sua eventicidade aberta, inacabável. Só então, e como consequência disso, eles se tornam plenamente realizados como modos de entender o texto literário *na história.* Os cronotopos, então, não apenas vão além daquilo que Bakhtin rejeita em outro ponto como uma "história literária" implicitamente superficial, eles também acenam para além das armadilhas do determinismo e da generalização (abstrata) nas quais as teorias materialistas da história tendem a cair (motivo pelo qual Engels pode ser identificado, do ponto de vista de Bakhtin, como um exemplo significativo).

Assim como existem os cronotopos "da estrada" ou "do castelo", as coordenadas temporais daquilo que determina a natureza de um enredo literário específico, as sequências dos eventos *possíveis* nesse mundo, a extensão do crescimento e da mudança sofridos pelos personagens, também podemos imaginar, de uma perspectiva histórica, que existem cronotopos do Renascimento, da Grã-Bretanha vitoriana, do colonialismo ou do capitalismo tardio. Assim como podemos identificar uma "forma de tempo" no mundo interno ao texto literário, a condição de possibilidade dos eventos próprios a esse mundo, podemos também, depois do exemplo do Renascimento, especular que certa "forma", ou entendimento, do tempo é característica dos períodos históricos — ou seja, implicitamente, esse tempo (ou nosso entendimento dele) é uma *variável.* A forma particular do tempo "operativo" em dado período, ou característico dele, condicionará poderosamente nosso entendimento dos objetos materiais, eventos, relações sociais etc. pertencentes a esse período; a condição de possibilidade de entendê-lo não é (ou não deveria ser) *nosso próprio* cronotopo, o cronotopo do observador, mas o cronotopo do outro temporal que contemplamos — ou, para transpor o modelo bakhtiniano de relações eu-outro para uma chave temporal, a relação arquitetonicamente estruturada de alguém com o outro.

Se, como sugerido acima, o Renascimento é definido pela "invenção" do tempo, pela inauguração de uma consciência propriamente *temporal* e pelo início da abertura moderna, o cronotopo da Grã-Bretanha vitoriana poderia ser visto como o início (situado) do fim do "tempo renascentista". O cronotopo da Grã-Bretanha vitoriana é definido por uma carga temporal paradoxal, pela concentração da ideia de progresso movida a ciência e tecnologia até o ponto em que um ilusório senso de proteção e de "eternidade", mais uma vez, predomina — onde uma ideia sobredeterminada e ubíqua de "progresso" engendrou uma visão de mundo estática e fechada. Pode-se dizer que o cronotopo da Grã-Bretanha vitoriana funciona como um subcronotopo específico do cronotopo mais amplo do colonialismo, com as realidades da expansão imperial sendo justamente o que foi "apagado" pelo tempo interior do subcronotopo; o condicionamento espaçotemporal da ideologia do colonialismo age como um quadro (cronotópico) onde situar os modos pelos quais a neutralização espaçotemporal dos efeitos dessa ideologia se realizam no ambiente "local". O cronotopo do capitalismo tardio poderia ser definido como um estágio posterior desse processo, no qual as tensões entre o cronotopo da Grã-Bretanha vitoriana e o cronotopo do colonialismo são universalizados, no qual o imobilismo se passa por movimento, no qual o próprio tempo pareceria ter parado; não por acaso o capitalismo tardio foi descrito (e não por seus detratores) em termos de o "fim da história".

As literaturas desses períodos sucessivos e cronotopicamente definidos são, portanto, *duplamente* cronotópicas: elas são, num nível, expressão das relações tempo-espaço específicas que definem os ambientes nos quais elas são produzidas e, em outro, elas mesmas produzem seu próprio repertório de cronotopos *literários*, que expressam vários aspectos da "forma de tempo" particular que determina o cronotopo abrangente de seus, digamos, tempos. Mais uma vez, Bakhtin, em sua discussão inicial da "enunciação" literária como um ponto especifico no campo amplo da heteroglossia dialogizada (capítulo 7), desmantela implicitamente todas as fronteiras fixas que se possam imaginar existentes entre "literatura" e "vida", "o mundo" ou "a sociedade"; ele situa a literatura *na história* — sem que isso acarrete nenhum tipo de relação determinista ou reducionista entre elas.

CRONOTOPO E LINGUAGEM

A construção bakhtiniana da teoria do cronotopo — seja como fenômeno ideológico "literário" ou "do mundo real" —, a partir da ideia da inter-relação entre espaço e tempo como "formas da realidade mais imediata", surge para deslocar a linguagem (discurso) da posição central por ela assumida, com tamanho efeito, no final dos anos 1920 e início dos anos 1930. Ao determinar o quadro para a narrativa em termos de suas dimensões espaciais e, mais determinantemente, temporais, o cronotopo parece enfraquecer a significação "primária" do que foi dito — tanto pelos narradores quanto pelos personagens: trata-se, pelo menos especificamente no contexto literário, de uma sofisticada teoria de enredo e narrativa, logo, relegando a "estilística" da qual Bakhtin começa em "O discurso no romance" a uma posição de importância secundária.

Nas "Observações conclusivas" anexadas ao ensaio sobre o cronotopo em 1973 — escritas cerca de 35 anos depois da escrita do original —, o próprio Bakhtin parece incomodado com essas implicações do cronotopo para a linguagem e tenta, apropriadamente, "corrigi-las". Remetendo-se ao leitor de *A filosofia das formas simbólicas*, de Ernst Cassirer (1874-1934), especificamente a sua "análise da reflexão do tempo na linguagem" (Cassirer 1975; FTC 251), Bakhtin nos convida a traçar um paralelo entre a habilidade do cronotopo de "materializa[r] tempo em espaço" e a natureza fundamentalmente cronotópica da linguagem como um fenômeno no qual *o tempo está já e para sempre inscrito*. Assim como narrativas e gêneros foram cronotopicamente "formados e desenvolvidos no decorrer de tantos séculos", "toda e qualquer imagem literária [também] é cronotópica":

> A linguagem, como uma casa do tesouro de imagens, é fundamentalmente cronotópica. A forma interna da palavra — o signo mediador através do qual os sentidos espaciais primários são transferidos para as relações temporais (no sentido mais amplo) — também é cronotópica (FTC 252).

A linguagem, tanto quanto todo outro aspecto da forma/conteúdo literário ou da vida social, não está imune às determinações cronotópicas, que são, em certo sentido, a história de sua evolução (podemos ser perdoados por imaginar um "cronotopo da poliglossia", por exemplo). A linguagem é tão fundamentalmente cronotópica como gênero literário, defende Bakhtin, porque também é possível "ver" o tempo na linguagem; mais que isso: é impossível conceber o que Bakhtin chamou antes de "linguagem viva" sem sensibilidade para sua cronotopicidade, nos níveis macro e microcósmico.

A base "literária", prática para esse paralelo pode ser encontrada nas observações de Bakhtin sobre a habilidade de Goethe de "ver" o passado da cidade de Einbeck (BSHR, 32) e sobre a habilidade de Honoré de Balzac (1799-1850) "de 'ver' o tempo no espaço" (FTC 247). Naquilo que é, incidentalmente, um paralelo sugestivo com a analogia freudiana entre memória e a evolução da cidade de Roma (Freud 2004; "nada está perdido", como diz Freud), Goethe não está interessado nos "fantasmas" do passado, na "ruína pictural, inanimada, sem conexão essencial com o presente vivo que a circunda e que não tem influência sobre ela", mas sim "no vestígio *vivo* e *essencial* do passado no presente" (BSHR, 32). De modo semelhante, a posição de Balzac como um "grande realista" depende, para Bakhtin, de características tais quanto sua habilidade de retratar casas "como história materializada", de retratar "ruas, cidades, paisagens rurais no nível em que elas foram trabalhadas pelo tempo e pela história" (FTC 247). É quando Bakhtin defende: a linguagem é essencialmente o mesmo: em todo momento de seu uso, somos capazes de "ver" os processos históricos que atuaram sobre ela no decurso dos séculos; quanto mais complexa a imagem literária, mais "visíveis" se tornarão os processos históricos nela inscritos.

A proposição de que a própria linguagem é "fundamentalmente cronotópica" invoca dois importantes aspectos do pensamento bakhtiniano ausentes do ensaio sobre o cronotopo no nível da discussão explícita: o primeiro é sua teorização nuclear do sujeito encarnado na eventicidade de seu ser, agindo e falando a partir de seu lugar (e momento) próprio no ser, único e irreiterável; o segundo é a necessária suplementação dessa ideia-chave por uma teoria madura da linguagem como um fenômeno heteroglota, social, como vimos no capítulo anterior. No que se refere ao primeiro aspecto, o cronotopo é um modo de reiterar que o indivíduo pode ocupar apenas *este* espaço e *este* tempo, enfatizando, portanto, a qualidade única, irreiterável de seu enunciado. Em relação ao segundo, o cronotopo fornece um quadro para o entendimento da natureza discursiva da classe, do grupo social, da geração etc. a partir da qual e com a qual o enunciado individual é feito e forma seu perfil estilístico e semântico. Essa relação pode agora ser entendida exatamente do mesmo modo como Bakhtin descreveu os cronotopos (literários) como "mutuamente inclusivos"; "coexist[entes] e "entrelaçados"; eles "se ressituam ou se opõem uns aos outros, se contradizem um ao outro ou se encontram em inter-relações ainda mais complexas" (FTC 252). A teoria bakhtiniana do discurso é essencialmente reformulada em termos do cronotopo:

> A característica geral das [...] interações [entre e dentro dos cronotopos] é que eles são *dialógicos* (no mais amplo sentido da palavra) (FTC 252).

Podemos ver nisso uma prova convincente da unidade do pensamento bakhtiniano como um todo, ou como uma tentativa tardia de apagar as contradições entre dois pontos de vista incomensuráveis. Neste último caso, o problema é que Bakhtin, tendo prescindido de teorias da "imagem' em seu trabalho inicial, agora reinstala a imagem como necessária para a reconciliação do cronotopo com a linguagem; ou, em outras palavras, ele assume — ou insiste — que "ver" o tempo na linguagem não é essencialmente diferente de "ver" o tempo no espaço. Em ambos os casos, contudo, independentemente de preferirmos ler a reconciliação de Bakhtin do cronotopo com a linguagem como prova de unidade ou de contradição, o valor e a utilidade do cronotopo como categoria analítica não se veem diminuídos.

RESUMO

Em um nível, o cronotopo é uma forma de descrever e de categorizar as diferentes formas de relação espaço-tempo manifestadas em textos literários e que, para Bakhtin, determinam o gênero ao qual a obra pertence. Em diferentes pontos do desenvolvimento histórico da literatura, predominaram diversas e distintas "formas de tempo", desde o "tempo de aventura" do romance grego até o "tempo histórico real" da literatura moderna, realista; de fato, é a habilidade de assimilar o tempo histórico real que determina o poder e a preeminência do romance realista. Enredo, desenvolvimento do personagem e até mesmo a própria linguagem são profundamente cronotópicas; o cronotopo específico de um romance determina seus limites e possibilidades no que se refere à representação de eventos, conceitos e ideologia. O *Bildungsroman* é o exemplo mais direto da definição genérica em termos cronotópicos, mas Bakhtin enfatiza a presença e a interação simultâneas de um espectro de cronotopos numa única obra, do cronotopo do idílio ao cronotopo da estrada. Em outro nível, o cronotopo funciona como um modo de conceber a(s) narrativa(s) da história para além — mas não separadamente — do texto literário e da história da literatura. Trata-se, portanto, de uma reformulação da proposição bakhtiniana central sobre a inseparabilidade da literatura de seu ambiente social e ideológico, que, assim como o conceito de heteroglossia, garante ao mesmo tempo que um não pode ser, de modo algum, reduzido ao outro. Ela também é cognata à ideia-chave de inacabamento, que, mais uma vez paralelamente a heteroglossia, é transposta por meio do cronotopo do nível do particular para o nível do generalizado, ou até "universal" — sem se tornar abstrata e sem perder, no processo, a força de sua eventicidade.

9

CARNAVAL

As ideias de *carnaval* e da correlata *carnavalização* emergem da leitura feita por Bakhtin da cultura folclórica popular da Idade Média e de sua transmissão no Renascimento, tema de seu livro *Rabelais e seu mundo* (quase todo escrito no final dos anos 1930 e durante os anos 1940, publicado em russo em 1965 e, em tradução para o inglês, em 1968). Em um sentido evidente, o carnaval é profundamente reflexivo do pensamento bakhtiniano como um todo, por levar as ideias-chave de corporificação e inacabamento a um extremo quase poético (pelo qual Bakhtin foi muito criticado). O livro sobre Rabelais está, portanto, mais obviamente relacionado com o ensaio sobre o cronotopo, ao elaborar, em sua ênfase sobre o *vir-a-ser,* a insistência em que nada é mais significativo do que a resistência ao fechamento, ao inacabamento do ser humano, à questão do processo de "*como uma pessoa vem a ser outra*" (FTC 115). Também se pode argumentar que, embora o ensaio sobre o cronotopo tenha focalizado o *tempo* como a "categoria primária" (FTC 85), o livro sobre Rabelais revisita o mesmo conjunto de problemas, só que agora priorizando "o princípio material corporal" (RM 19), em busca de todas as implicações da vida encarnada, participativa como base para um "conceito de ser [explicitamente] materialista" (RM 52). O tempo não está ausente do carnaval — se estivesse, não poderia produzir o desenvolvimento, o vir-a-ser requerido para a renovação e o renascimento (inacabamento) —, mas no carnaval como "espetáculo ritual" efetivo o tempo está suspenso: ele cede seu papel primário à habitação corporal do espaço de carnaval, um tema ao qual voltaremos posteriormente neste capítulo.

Em um nível diferente, contudo, o carnaval compartilha outra característica com o cronotopo, característica que lhe garante um, de certo modo, curioso *status* no pensamento bakhtiniano. Enquanto conceito bakhtiniano indubitavelmente significativo — talvez até mesmo o mais reconhecível e influente entre todos —, o carnaval, como o cronotopo, emerge *depois* da virada linguística que impulsiona uma mudança fundamental no pensamento de Bakhtin no final dos anos 1920; e, assim como o cronotopo, o carnaval não deriva nem depende de uma teoria da linguagem. Tanto no carnaval quanto no cronotopo, mesmo que em graus diferentes, a figura de Rabelais encarna e exemplifica uma mudança qualitativa na literatura europeia em termos da "plenitude" que a *imagem* espaçotemporal, tanto do personagem quanto da história (o personagem-na-história), está equipada para representar. Contudo, na teoria bakhtiniana do cronotopo, a linguagem, como vimos, é finalmente reinscrita em seu sistema conceitual; na teoria do carnaval, isso é pelo menos discutível, e a linguagem parece permanecer secundária ao "princípio material corporal" e ao *riso*, que emerge como forma única de mediação entre o corpo (ser material) e a mente (corporificação verbal).

O carnaval, como o cronotopo, pode ser visto em última instância como uma transposição do programa bakhtiniano central, uma variação sobre o mesmo tema; ele também pode ser visto como permanecendo à parte da obra de Bakhtin como um todo. A despeito de suas relações potenciais com o restante da obra bakhtiniana, o carnaval é o conceito bakhtiniano mais autossuficiente ou "portátil", capaz de permanecer (ou de cair) em isolamento, talvez porque também seja a mais integralmente *tópica* ou até mesmo *ocasional* de todas as ideias de Bakhtin. O carnaval pertence e é determinado pelo tempo e pelas circunstâncias nas quais foi elaborado em maior medida do que tudo o mais que Bakhtin tenha produzido.

Este capítulo tratará brevemente do contexto imediato no qual o carnaval emergiu no decorrer do esboço de suas coordenadas básicas, antes de examinar como o carnaval se transforma em carnavalização, o princípio do riso que permanece em seu núcleo, e o modo dominante de uma literatura "carnavalizada", ou seja, o realismo grotesco; concluiremos retornando ao contexto esboçado acima, com vistas a considerar pormenorizadamente a significação do corpo no carnaval.

O(S) CONTEXTO(S) DO CARNAVAL

O termo "carnaval" inicialmente se refere à prática real do "espetáculo ritual" do qual as pessoas da Idade Média participavam ativamente (em oposição àquele do qual eram meras espectadoras) e que, nos diz Bakhtin, durava cerca de três meses do ano em algumas cidades europeias medievais (RM 13). Esses festivais carnavalescos eram "não oficiais, extraeclesiásticos e extrapolíticos [...] um segundo mundo e uma segunda vida à margem da oficialidade" (RM 6); seu propósito era se opor à verdade oficial, "uma verdade já estabelecida, a verdade predominante apresentada como eterna e indisputável" (RM 9). No carnaval, a vida "real" era suspensa ou virada de ponta-cabeça; o carnaval era uma "segunda vida" das pessoas, "organizada com base no riso" e dedicada à "renovação do mundo e ao recomeço" (RM 8, 7).

A prática do carnaval foi sendo gradativamente encurtada durante o Renascimento e foi se tornando cada vez mais admitida pelas autoridades estatais e, por fim, nos séculos XVII e XVIII, foi "transformada em mero feriado" (RM 33). Contudo, o "espírito" do carnaval não se perdeu nesse processo; ele é, Bakhtin insiste, "indestrutível" (RM 33). Em vez disso, ele foi encontrando cada vez maior expressão na literatura. A literatura e, ao redor dela, culturas inteiras foram, em outros termos, *carnavalizadas*; o espírito do carnaval, no decorrer dos séculos, extrapolou a praça do mercado, onde sua expressão foi sendo sempre mais negada. O carnaval da Idade Média não apenas viveu na literatura europeia, do Renascimento ao século XX, como se tornou um agente significativo — mas pouco percebido — de mudança e de reavivamento da literatura e dos gêneros literários (Bakhtin está até disposto a construir uma versão da história literária europeia em torno do princípio do carnaval). O âmago dessa história literária alternativa é a análise bakhtiniana de Rabelais, que representa a ideia-chave de que o Renascimento não foi uma quebra clara com o passado medieval, foi antes uma "encruzilhada" na qual "a cultura folclórica de humor [anterior]" encontra e condiciona aspectos da subsequente "concepção burguesa do ser completamente atomizado" (RM 24). O carnaval e a carnavalização são impulsionados pela convicção central de que a cultura da Idade Média — "popular", coletiva e ambivalente — fora sub-repticiamente transmitida (por meio da literatura) à cultura da modernidade — identificada por Bakhtin como (predominantemente) "oficial", individualista e racional.

Essa referência à "cultura oficial", "racional", leva imediatamente a refletir sobre a topicalidade do carnaval, à qual nos referimos acima. Os anos durante os quais o carnaval ocupou

Bakhtin de modo consistente, do início dos anos 1930 até 1950 (sem falar de um breve período posterior), cobrem o ápice grotesco da repressão stalinista em 1937, o período cataclísmico da Segunda Guerra Mundial e os anos pós-guerra, sombriamente repressivos, do stalinismo posterior. A perda de centenas de milhares de vidas durante "o tempo de paz" antes e depois da Guerra foi pontuada apenas pela aceleração das mortes, agora legais, para dezenas de milhões. Durante esse período, Bakhtin levava uma existência peripatética entre Moscou e várias cidades interioranas, preocupado com as urgências de sua própria subsistência, incluindo, antes e depois da Guerra, as tentativas de obter títulos acadêmicos superiores com base naquilo que posteriormente viria a se tornar *Rabelais e seu mundo*. Alguns aspectos do livro — e até mesmo sua tese geral — devem, então, ser lidos no contexto desse período.

É difícil, por exemplo, não ver a cultura oficial do stalinismo, com suas exibições coreografadas de adesão ideológica em várias formas de "espetáculo" oficial como o contexto imediato para tais generalizações, referindo-se ostensivamente aos séculos XVII e XVIII como "o estado invadindo a vida festiva e transformando-a em um desfile" (RM 33), ou, claramente em relação à Idade Média, como se

> a festa oficial tivesse olhado para o passado e usado o passado para consagrar o presente [...] ela afirmou que tudo era estável, imutável, perene: a hierarquia existente, o religioso existente, os valores morais e políticos. Era o triunfo de uma verdade já estabelecida [...] (RM 9).

A referência de Bakhtin à distinção carnavalesca de "formas políticas *cultas* e cerimoniais" (RM, ênfase minha) caracteriza explicitamente o carnaval em oposição ao culto à personalidade de Stálin, que fora o propósito central do "cerimonial oficial" daquele tempo, mas que fora exposto e (parcialmente) rejeitado depois da morte de Stálin em 1953. À época da publicação desse livro em 1965, o leitor soviético não teria dúvida de qual seria o objeto dessa observação.

REALISMO SOCIALISTA

O controle estatal da vida cultural soviética sob Stálin tomou não apenas a forma de mero controle sobre a publicação, a radiodifusão, a educação, a literatura e as artes por meio de uma combinação de administração diretamente controlada pelo estado e de censura primária, mas também da promulgação de doutrinas estatais oficiais sobre a literatura e as artes e em muitos ramos, tanto das ciências quanto das humanidades. A doutrina do *realismo socialista* foi adotada como política oficial de estado para a literatura e as artes em 1934, exigindo de escritores e artistas que fizessem não apenas o retrato da "realidade", mas também "uma representação historicamente concreta da realidade em seu desenvolvimento revolucionário". Por conta, em parte, de sua própria instabilidade e incoerência — com o conceito de realismo tendo gerado contradições suficientes, mesmo antes de ser mesclado a "historicamente concreto" e ao "desenvolvimento revolucionário" — e, em parte, porque ele se tornou um dispositivo conveniente por meio do qual o estado poderia manter a literatura e as artes alinhadas com o imperativo político da época, o realismo socialista produziu uma arte acabada e, sem dúvida, amplamente estática. De fato, suas imagens unidimensionais de progresso otimista rumo a um "futuro brilhante" contrastavam com as realidades autoritárias, repressivas, fechadas da vida e cultura soviéticas. O ambiente social, cultural, crítico e literário dos anos 1930 e do final dos anos 1940 contrasta vividamente com a cultura aberta, em evolução de crescimento e de fertilidade que Bakhtin atribui a Rabelais e "seu mundo".

É igualmente difícil não interpretar o conceito bakhtiniano de *realismo grotesco*, com o qual lidaremos mais tarde mais detidamente, como um oposto deliberado da doutrina artística "oficial" da União Soviética stalinista, também chamada de "realismo socialista", com suas imagens unidimensionais do "homem soviético" como exatamente "determinado, predeterminado, passado e acabado, ou seja, essencialmente não vivente" (PFA 9) — *finalizado*. Quando Bakhtin escreve sobre o princípio do carnaval como "indestrutível", sobre o poder redentor do "riso popular", sobre o "destemor" da cultura popular em face do terror do mundo (RM 39), sobre o coletivo "corpo ancestral do povo" (RM 29), é difícil não ouvir uma oração para que o corpo coletivo — o povo — sobreviva a seu aniquilamento jurado. Como Bakhtin reconhece explicitamente, *Rabelais e seu mundo*, em sua determinação de se opor ao "triunfo de uma verdade já estabelecida", se imbui de um *utopismo* que, embora certamente presente no restante de sua obra, nunca veio a ser uma clara dominante, no tom ou no conteúdo conceitual. A pronunciada e explícita dimensão utópica do carnaval deriva da experiência soviética do stalinismo — e da própria experiência de Bakhtin.

CARNAVAL, CARNAVALIZAÇÃO, RISO

O carnaval, como "espetáculo ritual" na Idade Média era, acima de tudo, "não oficial", um tempo à parte da vida, uma "libertação temporária da verdade vigente e da ordem estabelecida" (RM 10). Durante o carnaval, "todas as posições hierárquicas, privilégios, normas e proibições" estavam suspensos (RM 10); a vida era vivida "pelo avesso", um fato simbolizado pelo papel de destaque das coroações e descoroações cômicas (o rei/louco do carnaval). Função do carnaval era (pelo menos por um tempo):

> [opor-se] a tudo o que estivesse pronto e completo, [...] para libertar do ponto de vista prevalecente do mundo, das convenções e verdades estabelecidas, dos lugares-comuns, de tudo o que é monótono e universalmente aceito (RM 11, 34).

As aproximações com o conceito de inacabamento e, relacionada com ele, a ideia central de "eventicidade" do sentido, sua criação ao vivo no processo de interação dialógica, são explicitamente claras. A cultura oficial (monológica) mantém a "pretensão" de que a verdade e o conhecimento são "estáveis, imutáveis, perenes [...] eternos e indisputáveis" (RM 9); o carnaval "libera" não por, de certo modo, subverter a cultura oficial ou a autoridade (política) em que ela se baseia, mas antes por manter — atualizando, encarnando — o princípio segundo o qual *nada* é "estável, imutável, perene [...] eterno e indisputável", nada está finalizado, tudo está em constante estado de mudança: "Nada de conclusivo ainda aconteceu no mundo [...] o mundo está aberto e livre, tudo ainda está no futuro e no futuro sempre estará" (PPD 166), como disse Bakhtin em seu livro sobre Dostoiévski. Enquanto o carnaval (ou o "espírito de carnaval") existir externamente e em oposição à cultura oficial e à autoridade política, ele lembrará à autoridade que ela não é eterna nem imune à mudança — que outras forças existem fora e independentemente dela e que também ela deve passar. Por isso a crítica feita ao carnaval em decorrência de sua falta de agência política, de ele provocar um alívio temporário que, em última instância, *consolida* aquilo a que se opõe, erra o alvo. Esse tipo de crítica se iguala (e talvez até derive) da crítica de Herbert Marcuse (1898-1979), segundo a qual a obra de arte aparentemente radical, por sua própria existência, no fundo legitima, mais do que enfraquece, as estruturas políticas e econômicas do ambiente no qual é produzida (Marcuse 1968). O carnaval existia não como uma forma de agência, mas como lembrete de que a agência era possível.

Na medida em que o carnaval foi se tornando gradativamente autorizado, incorporado ao calendário "oficial", foi sendo, como Bakhtin admite, cada vez mais "transformado em mero feriado [...] em um desfile" (RM 33). As consequências e a significação dessa perda de força são antecipadas, contudo, pela insistência de Bakhtin desde o princípio de que o carnaval, mesmo em sua forma originária como um espetáculo ritual real, "pertence à linha de divisão entre arte e vida". Ele é um fenômeno da "vida real", mas um daqueles que é "formado segundo um padrão determinado", que, assim como o ritual eclesiástico, antecipa sua própria transformação posterior em formas de arte (RM 7). Quando o carnaval cessa de ser o carnaval da praça pública, ele se renova ao encontrar um veículo em várias formas literárias — transformando e renovando essas formas no processo. O espírito de carnaval, que é indestrutível, encontra no período do Renascimento novos meios de sobrevivência e é "transmitido como uma tradição agora puramente literária" (RM 34).

A forma que Bakhtin primeiro identifica como receptiva ou determinada pelo espírito carnavalesco (exatamente como era em relação à poliglossia, à heteroglossia e ao romance) é a *paródia*, o equivalente formal mais próximo das "coroações e descoroações cômicas" do carnaval real. Contudo, a paródia carnavalesca

> está muito distante da paródia negativa e formal dos tempos modernos. O humor popular nega, mas ele revive e renova ao mesmo tempo. Uma negação crua é completamente alheia à cultura popular (RM 11).

O riso carnavalesco ou de festival é *ambivalente*, "ele também se dirige para aqueles que riem" (RM 12). O "popular", por rejeitar a verdade "triunfante", finalizada, da cultura oficial, não finge uma verdade finalizada, indisputável por si mesma; doravante pode-se dizer, mas por conta da natureza essencialmente não verbal desse riso carnavalesco ambivalente, que ele também é *bivocal* — que o riso carnavalesco é dialógico.

De modo semelhante, a sátira pode ser um suporte do espírito carnavalesco, dado que o sátiro não cede a um riso unidimensionalmente *negativo* que "o situe acima do objeto de sua zombaria" (RM 12). O carnaval, lembremos, é algo do qual se deve *participar*, mais do que algo a que se deva assistir ["ele não tem ribalta" (RM 7), como o diz Bakhtin em sugestiva rejeição de certo tipo de teatro]. Formas literárias de não importa qual tipo são potencialmente receptivas à influência ambivalente do espírito e do riso carnavalescos; mas sua *forma* — sua forma composicional, de superfície — como vimos a respeito de Dostoiévski (capítulo 6) e do romance de forma geral (capítulo 7), não é o fator decisivo. No nível da forma arquitetônica profunda, determinada pelas relações entre as consciências que se entrecruzam na obra literária, uma paródia ou uma sátira podem ser profundamente carnavalescas (ou dialógicas), enquanto outras são apenas profundamente monológicas — construídas com base na "nua negação".

A sátira e a paródia, os meios principais pelos quais a literatura é carnavalizada, são também, é claro, os principais exemplos da "literatura paródica" com a qual lidamos no capítulo 6, literatura que expõe o discurso monológico como "unilateral, delimitado, incapaz de esgotar seu objeto" (PDR 55) e que só pode proliferar "à condição de uma poliglossia radical" (PDR 61). Particularmente a paródia, impulsionada pela força global da poliglossia, ajudou a "liberar [...] o objeto do poder da linguagem [...]; a libertar [...] consciências do poder da palavra direta" (PDR 60); e ainda faz isso, muito especificamente, ao introduzir "o corretivo permanente do riso" (PDR 55). Em outros termos, o riso, paralelamente à interanimação das línguas iniciada pela poliglossia, é também fator-chave na organização da *representação da língua*. O riso é o outro nome das condições de possibilidade do discurso duplamente articulado. A negação do riso equivale à negação (ilusória) da natureza duplamente articulada do discurso.

Em literatura, portanto, o riso não se equipara ao cômico, mas é identificado onde quer que a seriedade unilateral de todo discurso seja exposta à luz de outra consciência questionadora; por meio do riso literário, a exterioridade é trazida para dentro; ela se torna imanente ao próprio texto. Em "Formas de tempo e de cronotopo no romance", por exemplo, a "expressão autobiográfica de uma autoconsciência única" da literatura memorialística anterior abre caminho à "representação satírico-irônica ou humorística de si mesmo e da vida de alguém em sátiras e diatribes" (FTC 143, 293); ou as figuras do palhaço, do trapaceiro e do doido — figuras carnavalescas quintessenciais — estão presentes na literatura não simplesmente para divertir, mas para facilitar a introdução na literatura da "metáfora prosaica", que, para Bakhtin, abrange todas as formas de "paródia", "piada", "humor", "ironia", "grotesco" e "esquisitice" (FTC 166). A metáfora prosaica, embora não seja foco *linguístico* explícito do livro sobre Rabelais, é essencialmente discurso estruturado pelo riso — discurso duplamente enunciado sob qualquer outro nome. Outra vez, a dimensão "formal" (de superfície) não tem significação primária. Quando Bakhtin se volta para Rabelais em busca de uma "encruzilhada" exemplar de como a(s) forma(s) literárias são tão receptivas quanto transformadas e renovadas pela essência "ambivalente" do carnaval, ele confia não em descrições "formais" isoladas, como a paródia — ou até o romance —, mas em um modo específico de representação ou de princípio estético que abranja eles todos, que derive da cultura carnavalesco-popular da Idade Média e que determine amplamente o curso "não oficial" da história literária europeia — o *realismo grotesco.*

O REALISMO GROTESCO

O realismo grotesco é, essencialmente, a manifestação dominante do espírito carnavalesco na literatura e na cultura depois que o carnaval deixou de ser um espetáculo ritual maximamente livre. Para Bakhtin, Rabelais é o escritor que estabelece o realismo grotesco como uma força viva no desenvolvimento da literatura europeia, seu "mais puro e consistente representante" (RM 30). De acordo com as "descoroações" carnavalescas, sua celebração da vida vivida de ponta-cabeça ou de dentro para fora:

> O princípio essencial do realismo grotesco é a degradação, ou seja, o rebaixamento de tudo o que é alto, espiritual, ideal, abstrato; ele é uma transferência para o nível material, para a esfera da terra e do corpo em sua unidade indissolúvel (RM 18-19).

Contudo, degradar em carnaval não é um ato inteiramente negativo; é precondição necessária para o renascimento e a renovação. Morte e decadência estão relacionadas a nascimento e crescimento em termos de "unidade indissolúvel", porque um está inseparavelmente presente no outro:

> A degradação cava uma tumba corporal para um novo nascimento; não se trata apenas de um aspecto destrutivo, negativo, mas também regene-

> rador. Degradar um objeto não implica apenas arremessá-lo para o vazio da não-existência, para a destruição absoluta, mas fazê-lo descer para o estrato reprodutivo mais baixo, para a região em que a concepção e um novo nascimento têm lugar. O realismo grotesco não conhece outro nível; ele é terra fértil e útero. Está sempre concebendo (RM 21).

O primeiro exemplo de Bakhtin da imagem carnavalesca grotesca em literatura depois de Rabelais é o díptico Sancho Panza e Dom Quixote. No caso de Sancho, sua

> pança, apetite, sua defecação abundante situam-se no nível mais baixo do realismo grotesco do festivo túmulo corporal (ventre, intestino, terra) cavado para o idealismo abstrato e amortecido de Dom Quixote (RM 22).

No entanto, isso já é em si uma imagem carnavalesca grotesca relativamente "degradada". Para uma expressão pura do grotesco carnavalesco, dessa vez muito anterior a Rabelais, Bakhtin retrocede às estatuetas de terracota do século IV a.C descobertas em Kerç, na Península da Crimeia. Elas retratavam "velhas grávidas", que estavam, para cúmulo, "sorrindo" (RM 25):

> Elas combinam um corpo senil, decadente e deformado com o corpo de uma nova vida, concebida, mas ainda informe. A vida é aqui exibida como um processo ambivalente, internamente contraditório. Nada está completo; ela é o inacabamento em sua forma mais pura (RM 25-26).

As estatuetas de Kerç, Sancho Panza e Dom Quixote, Gargântua e Pantagruel são paródicos, mas não no sentido estrito: todos eles facilitam a representação de

> um fenômeno em estado de transformação, uma metamorfose ainda não finalizada, nos estágios de sua morte e nascimento, crescimento e vir-a-ser (RM 24).

Rabelais (uma figura de "intersecção") garante que essas representações não apenas sobrevivam ao Renascimento como também, depois dele,

> todo o campo da literatura realista [...] é semeado de fragmentos de realismo grotesco, que por vezes não são meros vestígios do passado, mas manifestam uma vitalidade renovada (RM 24).

A literatura europeia moderna, algumas vezes sub-repticiamente, outras mais explicitamente, foi inteiramente carnavalizada sob a influência duradoura do realismo grotesco.

A indicação do ponto final nesse processo, bem como de suas articulações com a obra anterior de Bakhtin, é sua insistência em que "a imagem grotesca nunca teve [...] um cânon. Ela é não-canônica" (RM 30); em busca do "movimento interior do próprio ser [...] da eterna incompletude do ser" (RM 32), ela trabalha para romper os "limites" entre os fenômenos que encontra, incluindo a forma. Além de evocar a celebrada afirmação de Bakhtin de que "o campo cultural não tem território interno: ele se situa inteiramente nas fronteiras e as fronteiras cruzam seu elemento próprio [...]" (PCMF 274), ela ainda acena para a forma literária que dominará e, por fim, "completará" esse processo, o fenômeno último, não canônico, apagador de fronteiras da literatura europeia desde Rabelais — o romance. Bakhtin abre o ensaio "Epos e romance" sustentando: "O romance é o único gênero ainda em estado de vir-a-ser, ainda inacabado [...] mais jovem que a escrita e o livro" (ER 3), ele ainda não possui "contornos genéricos definidos" (ER 4) e, portanto, é o único capaz de arrebentar e de absorver em si mesmo, por meio da paródia e da estilização, todos os outros gêneros, que entraram na era moderna como formas já fixadas (ER 4). Ele é o oposto da "épica", uma "forma genérica absolutamente acabada e completa", cronotopicamente definida em termos de um "passado absoluto", que "carece de toda relatividade" (ER 15); sua separação dos tempos subsequentes é uma "fronteira [...] imanente na forma da própria épica" (ER 16). Em outros termos, o romance é receptivo ao grotesco carnavalesco e seu vetor — que se poderia dizer "imanente" na forma do próprio romance — enquanto a épica (e talvez até todas as formas literárias não romancísticas) é um gênero do acabamento e da inviolabilidade de todas as fronteiras, que abomina a transgressão, a ambivalência, o contato livre e familiar e o vir-a-ser. Assim como o festival oficial, a épica "usa o passado para consagrar o presente" (RM 9); ela é "imanentemente" resistente ao grotesco carnavalesco.

Bakhtin concluiu "O discurso no romance" não com a oposição romance-épica, mas sim como uma discussão das "duas linhas estilísticas" no desenvolvimento do próprio romance. Essa distinção é impulsionada pelos termos que movem "O discurso no romance" como um todo e que já identificamos antes como estando ausentes de *Rabelais e seu mundo*, a saber, a estratificação social da língua e a heteroglossia dialogizada. Embora, num paralelo que sugere ser o carnaval um elemento integral e consistente do pensamento de Bakhtin, como oposto à digressão criativa, sua discussão da bifurcação estilística na história do romance poderia, quase sem alteração, ser refeita em termos da receptividade ao espírito carnavalesco e ao realismo grotesco. O romance — ou, melhor, a "romancização" — é carnavalesco; o romance moderno é o ponto final da história da literatura europeia recontada como uma história do realismo grotesco.

O CORPO EM CARNAVAL

Se o carnaval bakhtiniano reencenando a narrativa de como a cultura ocidental, desde o Renascimento, retrocedeu para o monologismo abstrato reificado e de como o romance é o agente e a manifestação da resistência a esse processo pode funcionar amplamente *sem* linguagem, nós já entrevimos o que é que "substituirá" a linguagem nesse relato. Se antes as ideias de Bakhtin sobre a eventicidade do ser e a arquitetônica das relações eu-outro colidiram com uma teoria da linguagem (discurso) para produzir o que deveria ser estranhissimamente nomeado como teoria da "corporificação na linguagem", em *Rabelais e seu mundo*, a corporificação cede seu *status* literal a algo muito mais figurativo. Aqui Bakhtin apresenta uma teoria não da corporificação tal qual comparecera a seu pensamento até então, mas a do corpo em carnaval — essencialmente um corpo simbólico.

O corpo é essencial tanto para o carnaval propriamente (como espetáculo ritual da Idade Média) quanto para o carnaval simbólico, para as imagens que migram para a literatura e a cultura posteriores. O carnaval, como vimos, pressupunha a participação corporal, "uma forma especial de contato livre e familiar" entre pessoas "habitualmente divididas por barreiras de casta, posses, profissão e idade"; o carnaval era, acima de tudo, "experienciado" (RM 10). No carnaval, o indivíduo participa com seu corpo de algo fundado no princípio dessa subordinação do corpo a algo maior que si mesmo, o "corpo coletivo ancestral" do povo (RM 19). Em Rabelais, como reflexo direto disso, "o princípio material corporal, isto é, as imagens do corpo humano com sua comida, defecação e vida sexual, desempenha um papel predominante"; este "princípio material corporal" é a "herança [...] da cultura do humor popular" (RM 18). Contudo, em Rabelais, o ponto-chave de mediação entre a cultura de humor popular e uma simbólica carnavalesca portátil, "as imagens do corpo são oferecidas [...] em uma forma extremamente exagerada" (RM 18); no realismo grotesco em geral, o corpo em questão não é simplesmente "o corpo e sua fisiologia no sentido moderno", o corpo "individualizado" de um "indivíduo biológico" com um "ego burguês", mas o corpo

> do povo, um povo continuamente crescendo e em renovação. É por isso que tudo o que é corpóreo se torna grandioso, exagerado, imensurável. Esse exagero tem um caráter positivo, assertivo. Os principais temas dessas imagens da vida corpórea são fertilidade, crescimento e uma abundância transbordante. Manifestações dessa vida referem-se não ao indivíduo biológico isolado, não ao "homem econômico" privado, egotista, mas ao corpo coletivo ancestral (RM 19).

Exagero e ênfase excessiva são índices de *valor*; quanto maior a escala de ingestão do corpo e de copulação, maior seu valor. Assim como o tempo é a medida primária de escala no cronotopo, o tamanho corporal e a vitalidade física são os indicadores primários de valor na simbólica do carnaval.

O corpo na simbólica do carnaval, de fato, não coincide com o corpo como algum tipo de totalidade, mas está concentrado, como começamos a ver, naquilo que Bakhtin chama de "o estrato corporal mais baixo" — o ventre, os intestinos e os órgãos reprodutivos. Isso, no nível mais literário, porque é no estrato corpóreo mais baixo que a renovação e o renascimento realmente têm lugar; mas também porque esses órgãos, assim como o nariz e a boca, para desenvolver o ponto acima sobre a predileção grotesca pela transgressão e pela extinção de todas as fronteiras, enfatizam que

> o corpo grotesco não está separado do resto do mundo; não está fechado, ele é infinalizado, inacabado, supera a si mesmo, transgride seus próprios limites. Essas partes do corpo abertas para o mundo exterior são acentuadas, as partes através das quais o mundo entra no corpo ou emerge dele [...]. O corpo desvela sua essência como um princípio de crescimento que excede seus próprios limites apenas em atos tais como copulação, gravidez, parto, os estertores da morte, comer, beber ou defecar [...]. O corpo inacabado e aberto (morrente, parturiente, nascente) não está separado do mundo por fronteiras claramente definidas; ele está misturado com o mundo [...]. O corpo representa e encarna o mundo corpóreo material como o estrato absoluto mais inferior (RM 26-27).

Isso explica a distância entre a "vulgaridade" moderna e a natureza ambivalente, talvez até mesmo bivocal, da blasfêmia e do abuso no humor popular: onde "o abuso moderno indecente e o praguejar" — assim como "a paródia negativa e formal dos tempos modernos" — "têm mantido remanescentes mortos e puramente negativos do conceito grotesco do corpo", o abuso carnavalesco não apenas envia seu objeto "para o mais baixo estrato corporal absoluto, para a zona dos órgãos genitais, o túmulo do corpo", e o faz com vistas a regenerá-lo, a renová-lo (RM 28). Na moderna "esfera privada dos indivíduos isolados", o estrato corporal mais baixo preservou "o elemento da negação, mesmo perdendo quase inteiramente [sua] força regeneradora positiva" (RM 23).

A "força regeneradora positiva" do estrato corporal mais inferior, embora componente da simbólica do carnaval em termos gerais, também é lugar de significação direta; aqui, o riso (o riso real, corporal) distingue-se a si mesmo da fala. O corpo em carnaval não gasta tempo falando; a função da boca na simbólica do carnaval está mais associada a comida e blasfêmia do que a discurso; mas o riso, como um ato fisiológico encarnado, facilita uma significação em/e do corpo. Para Bakhtin, o riso pode ser onipresente na cultura medieval popular em geral, mas está explícito, fisiologicamente presente no carnaval. O riso é claramente identificado com a "origem corpóreo-material" (RM 80); assim como cuspir, praguejar, comer e beber, peidar e defecar, o riso é uma função corpórea *explicitamente expressiva*, desempenhada pelo corpo em carnaval na corporificação da rejeição da autoridade, assim como em celebração da abertura do corpo e do potencial para o crescimento. A natureza expressiva do riso carnavalesco, em seu sentido literal e realizado, pode ser abordada na evocação da conceituação central do signo de Voloshinov. O signo verbal, particularmente, é distinto de outros signos por existir em vista, exatamente, de significar (MFL 14); outros signos *visuais* (por exemplo, o martelo e a foice, o pão e o vinho) referem-se, em primeira instância, a objetos materiais, que já existem e desempenham outras funções não significativas e são "transformados em" ou reutilizados como signos (MFL 9). O comer e o beber, embora indubitavelmente signifiquem em Rabelais, se mantêm mais estreitamente associados a sua função fisiológica "primária" de sustentar a vida do que, por exemplo, cuspir, cuja função fisiológica é quase que inteiramente utilizada para o propósito de significação. Praguejar está muito mais próximo do signo verbal propriamente, embora com forte ênfase na função fisiológica básica (em seu desempenho e em seu conteúdo). O riso emerge nessa análise quase como uma combinação perfeita do corporal e do significativo: ele é a corporificação e, simultaneamente, a expressão da "origem corpóreo-material", enfatizando sua resiliência, sua força vital e sua capacidade de sobrevivência e regeneração — seu *destemor* (RM 39). Ele é, portanto, a expressão perfeita da corporificação no sentido bakhtiniano e, em sua oposição a "tudo o que está acabado e finalizado" (RM 3), reafirma o ponto similarmente axiomático de que o inacabamento não é, em sentido algum, contrário à corporificação.

RESUMO

Derivado do espetáculo ritual da Idade Média, o *carnaval* é a essência bakhtiniana do espírito do "não-oficial", da "segunda vida do povo" em sua oposição a toda concepção da verdade como eterna e indisputável. O carnaval é uma síntese simbólica da abertura, do crescimento e do potencial em oposição ao fechamento e à reificação, a tudo o que é "trivial e completo", estando, portanto, estreitamente relacionado ao conceito de *inacabamento.* Na cultura pós-renascentista europeia, o espírito do carnaval sobrevive na literatura, *carnavalizada* no processo. O exemplo-chave para Bakhtin do momento de transmissão é Rabelais, especialmente seu *Gargântua e Pantagruel.* O modo fundamental de uma literatura carnavalizada é o *realismo grotesco,* que tenta incorporar e reconceber as formas paródicas, tão centrais tanto para a *heteroglossia dialogizada* quanto para o *cronotopo;* as imagens do realismo grotesco combinam degradação e renovação, morte e renascimento — uma afirmação negativa. O carnaval está relacionado ao restante da obra de Bakhtin de um jeito que reflete essa ambivalência nuclear: por um lado, ele representa uma partida, um deslocamento da linguagem da posição central por ela ocupada desse o final dos anos 1920 em favor de um foco mais pronunciado no riso e na materialidade do corpo (*corporificação,* agora sem linguagem); por outro, ele é uma reinscrição da dupla articulação e do dialógico, que remodela as propriedades únicas do romance e da romancização nos termos específicos do carnavalesco e do realismo grotesco.

10

GÊNERO

O gênero é, ao mesmo tempo, o conceito mais esquivo em Bakhtin e um dos mais produtivos, ao articular como faz — embora, às vezes, em relações conflituosas — aspectos de todas as suas ideias-chave. Essa combinação de esquivamento e produtividade decorre primariamente do sentido no qual o gênero surge nas mãos de Bakhtin tanto como categoria definitivamente literária quanto, ao mesmo tempo, como categoria expressiva da unidade inconsútil do literário e do não-literário que ele perseguiu em toda a sua obra. Outra dificuldade decorre do fato de que, em diferentes pontos no tempo, Bakhtin (e Medvedev) oferecem nada menos que cinco teorias de gênero, diferentes, mas relacionadas, desde a teorização inicial de Medvedev nos anos 1920, passando pelas teorias relativas às categorias do romance, do cronotopo e do carnaval, já discutidas, até a teoria "conclusiva" de gênero que Bakhtin constrói em torno da ideia de *gêneros de discurso* nos anos 1950. Este capítulo traçará (e, em alguns casos, revisitará) cada uma das cinco teorias de gênero sucessivamente, começando com Medvedev e especulando para ter acesso ao sentido no qual a ideia mesma de gênero parece, em alguns pontos, estar em risco de colapso sob o peso do trabalho teórico que se espera dela. Concluiremos o capítulo pelo exame das implicações dos gêneros de discurso para a própria ideia de "literatura".

CONDIÇÕES DE REALIZAÇÃO E PERCEPÇÃO

A teoria de gênero proposta em *O método formal nos estudos literários: introdução crítica a uma poética sociológica,* de Medvedev, está, mais uma vez, voltada para corrigir a abordagem de gênero dos formalistas russos, leviana (e injustamente) rejeitada como sendo "mecanicamente ajuntada a partir de dispositivos" (MF 129). Em vez disso, insiste Medvedev, o gênero de determinada obra literária é determinado por dois fatores que, de tão proximamente relacionados, são virtualmente inseparáveis: primeiro, toda obra literária está orientada para um leitor e para "condições definidas de realização e percepção" (MF 131); segundo, "a obra está orientada na vida a partir de dentro, por assim dizer, por seu conteúdo temático" (MF 131). A descrição feita por Medvedev das "condições de realização e percepção" já pode soar bem familiar:

> A obra entra no espaço real e no tempo, é barulhenta ou silenciosa, está associada à igreja ou ao palco, ou ao teatro de revista; ela pode fazer parte de um festival ou simplesmente uma parte de lazer. A obra pressupõe um público específico de ouvintes ou leitores, um meio particular para a reação deles, um tipo particular de inter-relação entre o público e o autor [...] a obra entra na vida e faz contato com vários aspectos

de sua realidade circunstante no processo de sua realização concreta como algo apresentado, ouvido, lido em um momento particular, em um lugar particular e em circunstâncias particulares. [...] Todas as variações dos gêneros dramático, lírico e épico são determinadas por sua orientação de discurso não mediado como um fato ou, mais exatamente, como algo historicamente realizado no contexto de sua realidade circundante (MF 131).

A obra é, então, semelhante ao enunciado: seu sentido não pode, de modo algum, estar divorciado de seu lugar e do momento no qual é produzida ou do ouvinte/público ao qual se destina.

Por outro lado, o tema diz respeito a tudo o que é evocado na própria obra, seu espectro de objetos humanos e inanimados, bem como às ideias nela expressas (seus "temas" no sentido estrito ou convencional) e aos eventos que ela representa; mas, assim como o enunciado só alcança seu pleno sentido na enunciação de um sujeito encarnado no evento particular, único de sua enunciação, assim também o tema da obra não pode pretender "significar" nada isoladamente das condições reais de sua realização e percepção:

O tema da obra é o tema do enunciado inteiro como um ato sócio-histórico especificamente definido. Daí se se segue, pois, que o tema é tão inseparável da situação toda do enunciado quanto o é de seus elementos linguísticos. [...] A unidade temática da obra e seu lugar real na vida crescem organicamente juntos na unidade de gênero. [...] O gênero é a unidade orgânica do tema e do que está para além dele (MF 132-133).

Diferentes gêneros — e, sem dúvida, diferentes formas de arte — têm modos diferentes de finalizar os materiais dos quais são feitos, modos tão determinados por seu lugar real no mundo quanto pelos meios formais a sua disposição — de fato, muito mais.

Medvedev pareceria antecipar assim a ideia posteriormente proposta pelo crítico canadense Northrop Frye (1912-1991), que distingue os gêneros em termos do "radical de apresentação" que originalmente os trouxe ao ser: a épica, por exemplo, é definida em termos de ter sido cantada ou entoada para um público *presente* (Frye 1957: 246). A diferença é que Frye está interessado numa base arquetípica para o gênero, de acordo com a qual os próprios gêneros venham a ser o fator primário na determinação de gênero — posteriormente as "épicas" se conformam (em maior grau) ou divergem (em menor grau) de um molde fundacional, cuja forma foi estabelecida em seu momento "originário" (embora um momento que sempre deve ser imaginado ou suposto) e que tem como exemplo canônico a *Ilíada* de Homero (760-710 a.C.). Para Medvedev (e Bakhtin e Voloshinov), as "condições de realização e percepção" imediatas não são apenas predominantes, elas também são implicitamente *conhecíveis*. Convenções genéricas e "expectativas" realmente vêm a fazer *parte* dessas condições no decorrer do tempo, mas não podem predominar sobre a arquitetônica imediata do evento de uma obra específica. A obra se mantém como um enunciado: nossa perspectiva de suas relações (genéricas) com outros enunciados (obras) deve começar por suas *próprias* condições de realização e percepção.

A teoria de Medvedev está intimamente relacionada com muitos aspectos do pensamento de Bakhtin com um todo. Ela é paralela à definição nuclear do dialógico que encontramos no capítulo 6, no sentido de que a palavra é "formada" num processo dual de, primeiro, encontrar seu *objeto* e, depois, uma *resposta* antecipada (que também corresponde ao "tema" e às "condições de realização e percepção"). Ela fornece um modelo prático para algumas das ideias que examinamos no capítulo 5 em relação à insistência de Voloshinov na dimensão definitivamente social do discurso: a obra concebida tanto como um "enunciado inteiro quanto como realização discursiva" (MF 132) convida à conclusão de que o gênero também está profundamente condicionado pela "avaliação social" — ele é, na "unidade orgânica" do tema e das condições de realização e percepção, um fenômeno profundamente sócio-histórico. Em larga medida, ele se conforma às exigências de uma abordagem dialógica e, assim como a teoria do enunciado de Voloshinov, concebe a literatura em relação estreita com o mundo do discurso para além do especificamente literário.

O ROMANCE (OUTRA VEZ)

O problema com a teoria de gênero de Medvedev, em geral consistente com o conceito de dialogismo, é que ela dificilmente parece relacionada àquilo que o próprio Bakhtin escolhe fazer com a ideia de gênero em sua própria obra. A partir do momento em que aparece no livro tardio sobre Dostoiévski — "o criador de um novo gênero essencialmente romancístico [...] o romance polifônico" (PPD 7) —, o gênero foi uma força pelo menos tão disruptiva quanto unificante no contexto da obra de Bakhtin como um todo. Como vimos no capítulo 7, Bakhtin posteriormente insistirá em que a estilística tradicional não pode "isolar uma única característica definida, estável do romance" (ER 8) sem imediatamente destruir aquela característica como um marcador de gênero. Embora sua própria definição de romance — que o reformula como o único capaz de absorver e de dialogizar as linguagens da heteroglossia, como "um sistema dialogizado feito com as imagens de 'línguas', estilos e consciências [...]" (PDR 49), como uma "diversidade de tipos de fala social [...] artisticamente organizada" (DR 262) — relacione-se apenas tangencialmente com as condições de sua "realização e percepção". Numa grande narrativa histórica de sua autoria, Bakhtin sugere ser o fato de que o romance é "o único gênero mais jovem que a escrita e o livro" (ER 3) que o torna receptivo às forças que podem, de alguma maneira, se esquivar desses gêneros — mais uma vez, lírica, épica e drama — que adquiriram seu perfil "finalizado" (reificado) dentro do sistema literário do mundo fechado, monoglota. É sua receptividade à heteroglossia, como vimos no capítulo 7, que faz do romance o único "gênero num estado de vir-a-ser" (ER 11), o único gênero que "pode abarcar o processo de vir-a-ser" (ER 7). Sua ascensão à proeminência — e aqui Bakhtin é completamente feliz em subscrever a narrativa mais convencional do surgimento do romance a partir do século XVIII — terá um impacto cada vez maior sobre as condições de realização e percepção em larga escala de outros gêneros, destinados a se tornarem crescentemente "romancizados"; mas é difícil alinhar o senso posterior da capacidade única e da preeminência histórica do romance com a teoria de Medvedev, que pretende explicar o gênero como um sistema (histórico) total. Realmente o que "subsiste" de Medvedev na teoria do romance e da romancização de Bakhtin é o sentido no qual diferentes gêneros têm diferentes maneiras de finalizar o material a partir dos quais eles são feitos; o sentido exato segundo o qual essas diferentes maneiras de finalizar — ver, realidade conceituadora — são determinadas por seu lugar real no mundo está perdido.

Bakhtin, portanto, parece conceber não um sistema de gênero, e sim um *princípio* genérico, consistente com seu programa central na medida em que ele evolui da eventicidade para a heteroglossia dialogizada, mas que, sem exagero, ameaça destruir o *gênero* completamente. Todos os "romances" serão entendidos como mais ou menos "romancísticos", um sinônimo cada vez mais próximo de "dialógico" (de fato, Bakhtin torna essa ideia simples bastante explícita na seção final de "O discurso no romance" ao organizar a história do romance europeu em "duas linhas estilísticas" (DR 366-415), que se distinguem por sua relação com a heteroglossia dialogizada. Finalmente, podemos projetar, assim como a "romancização" tem seu efeito sobre todos os gêneros literários — quando, por exemplo, um "poema romântico" passa a ser um "poema romanesco" (ER 7) —, *todas* as obras literárias, independentemente até mesmo das mais profundas distinções formais ou temáticas entre elas, serão reduzidas ao mais ou menos "romancístico", aos mais ou menos profundamente "dialógico". Bakhtin sustentou que, "diante do problema do romance, a teoria de gênero deve ser submetida a uma reestruturação radical" (ER 8), uma afirmativa aplicável à aparente unidade de épica-lírica-drama, que pode não encontrar lugar na forma mista ou híbrida do romance. Mesmo assim, a própria concepção bakhtiniana do romance também ameaça aboli-lo como um gênero em qualquer sentido significativo: a ideia de "romancização", fundada na receptividade do "vir-a-ser" e da heteroglossia dialogizada, ameaça deslocar não apenas o sistema de gênero que simultaneamente sustentou e lutou contra a ideia do romance, mas também do "romance" em si.

CRONOTOPO, CARNAVAL E GÊNERO

Esse problema é ainda mais agudamente focalizado quando lembramos que dois dos conceitos-chave que já discutimos, o cronotopo e o carnaval, também podem ser vistos como categorias especificamente *genéricas*, variações do tema da "romancização". Bakhtin insiste ainda mais na significação do gênero para o cronotopo do que para o carnaval — "Pode-se até mesmo dizer que é exatamente o cronotopo que define o gênero e as distinções genéricas" (FTC 84-85) —, mas ambos podem ser vistos como modos de definir gênero sem olhar primeiramente para suas características formais superficiais ou seu tema, seja ou não o gênero considerado isoladamente das condições de realização e percepção, o lugar da obra no mundo. Obras genericamente definidas por seu(s) cronotopo(s) ou pelo modo segundo o qual encarnam o espírito "indestrutível" do carnaval (RM 33) são explicitamente diferenciadas em termos dos diferentes modos com que finalizam o material do qual são feitas.

Isso é especialmente marcado em relação ao cronotopo e pode ser exemplificado quando abordamos cronotopicamente não "variedades específicas do gênero romance" (FTC 252), como fizemos no capítulo 8, mas sim um dos gêneros que Bakhtin considera como um remanescente sem atrativos do "mundo fechado, monológico" — aquela mesma *épica* que Frye fez remontar a suas raízes na canção e na declamação. Bakhtin, nesse ponto, não aborda a épica explicitamente do ponto de vista da "realização", mas de uma ideia de "percepção", diversamente concebida. Ele não dá atenção a seu perfil típico formal — uma narrativa composta de linhas em hexâmetro datílico, ou o verso branco ou aliterativo —, mas reconhece a importância do tema: a épica é definida, acima de tudo, por sua orientação para a "tradição nacional" e o "passado nacional épico" (ER 13). Contudo o "passado épico" descreve muito mais do que simplesmente o tema da épica: ele também acena para seu *cronotopo*. A épica não tem a ver com o passado enquanto tal, mas concebe o passado em termos de uma "distância épica absoluta" (ER 13), que separa o mundo da épica da realidade contemporânea; o passado épico é um "passado absoluto", "completamente isolado de todos os tempos subsequentes" (ER 15). O termo "épica" pode, portanto, sobreviver à transição da *Ilíada* de Homero ao poema fundacional narrativo em inglês vernáculo, *Beowulf* (c. 700-1100), ou de *Paraíso perdido* (1667) de John Milton (1608-1674) ao *Marmion* (1808) precocemente romântico de Walter Scott (1771-1832). Isso não quer dizer que a épica não mude, como esses breves exemplos podem confirmar — as condições de sua realização e percepção estão mudando constantemente, incluindo o fato de que, diante de cada nova variação, o contexto literário em que ela se insere muda. Mas ela não pode, enquanto épica remanescente, romper a fronteira entre o momento presente de contar (e ouvir/ler) e o passado absoluto, que é "imanente na forma [*i.e.*, na forma arquitetônica] da épica mesma e é sentido e ouvido em sua própria palavra" (ER 16):

> Retratar um evento no mesmo plano de tempo-e-valor da pessoa e de seus contemporâneos (e um evento baseado, portanto, na experiência e pensamento pessoais) é sair do mundo da épica para o mundo do romance (ER 14).

Bakhtin sugere que a épica não pode sobreviver na era do romance, exceto como um arcaísmo, como uma paródia — ou como um *cronotopo*, que contribui para um perfil genérico que é, em suma, algo diferente da épica.

Algo similar pode ser dito do carnaval, que, como vimos no capítulo 9, se vincula às formas paródicas menores sem abrigo em "eras de monoglossia fechada e surda" (ER 12), quando a épica, a lírica e o drama permanecem como autossuficientemente resistentes a sua influência. Por fim, a "imagem grotesca", emblemática do carnaval, encontra expressão no fenômeno não canônico, apagador de fronteiras que, a partir do decisivo momento "de encruzilhada" de *Gargântua e Pantagruel* de Rabelais, transformará a literatura europeia em algo posteriormente cada vez mais receptivo ao carnavalesco e ao grotesco, que virão a ser, como percebemos no capítulo anterior, quase sinônimos de "romance". O perfil (superficial) formal de determinada obra está, mais uma vez, próximo da irrelevância ao determinar sua afiliação genérica. Portanto, *Mestre e Margarida* (1940/1973), de Mikhail Bulgakov (1891-1940) é tido como "carnavalesco", mas isso também pode se aplicar a *Noites no circo* (1984), de Angela Carter, a *Trainspotting* (1993), de Irvine Welsh, ou à peça *Jerusalém* (2009), de Jez Butterworth (*1969). Assim como a comparação formal dessas obras desempenha um papel menor em sua definição como carnavalescas, o mesmo ocorre com toda reconstrução de seus temas isolados — a menos que o próprio "espírito de carnaval" seja analisado como um "tema" no sentido medvedeviano de "a unidade orgânica do tema e daquilo que jaz além dele" (MF 133).

A teoria de gênero "romanesco" de Bakhtin — tanto quanto a de Medvedev, quanto o cronotopo e o carnaval, que nos levam todos a um círculo completo — arrisca a sacrificar o próprio gênero a diferentes manifestações de um princípio central; ela também não consegue cumprir o que está bastante explícito em Medvedev (e em Voloshinov). A heteroglossia é, afinal de contas, um fato mais *social* que explicitamente literário, e Bakhtin pretende que sua concepção do romance (e de outros gêneros cada vez mais romancizados) realizará a tarefa implicada pela definição medvedeviana da obra como "um ato sócio-histórico especificamente definido" (MF 132) e tornado mais explícito na definição anterior de gênero de Voloshinov como um

> *poderoso condensador de avaliações sociais não ditas*: cada palavra [na obra literária] está saturada delas. E essas mesmas *avaliações sociais organizam a forma artística como sua expressão não mediada* (DVDA 76).

Em outras palavras, a teoria bakhtiniana de gênero "dialógico" ou "romancizado" foi pensada para juntar uma teoria literária de gênero com uma concepção translinguística da língua viva —

para fazer justiça tanto à literatura quanto à língua além da literatura como fenômenos fundamentalmente dialógicos. E mais, esse projeto não pode estar completo com base apenas no "romance", um fato reconhecido por Bakhtin relativamente tarde em sua carreira no ato de retornar ao problema do gênero pela última vez.

GÊNEROS DE DISCURSO E GÊNEROS LITERÁRIOS

Voloshinov resume sua ideia de que a avaliação social (ou a psicologia) está presente no discurso vivo ao insistir que ele é acessível especificamente

> nas mais variadas formas do "enunciado", na forma dos pequenos *gêneros de discurso*, que até agora não foram minimamente estudados (MFL 20).

Até 1952-1953, o próprio Bakhtin fizera apenas uma efêmera referência aos "gêneros de discurso" em sua obra — no fechamento de "Da pré-história do discurso romanesco" (PDR 83) —, quando a pesquisa não padrão e as concepções de linguagem foram outra vez permitidas na União Soviética — altura em que Bakhtin as retoma, assim como retoma o projeto submerso da translinguística em busca de uma concepção diferente de gênero.

A diferença fundamental, no mais simples dos níveis, é que gênero é aqui explicitamente considerado não como fenômeno restrito à literatura, mas como algo simultaneamente presente e significativo em todas as esferas da interação discursiva. Os gêneros literários, estudados principalmente em termos de como diferem de *outros* gêneros literários, de fato, compartilham uma "natureza *verbal* (linguística) comum" (PGD 61) com gêneros de discurso não-literários, como a instrução ou a carta privada. Tais gêneros de discurso, mais claramente que suas contrapartes literárias, adquirem seu perfil estilístico da combinação ("unidade orgânica — Medvedev) de sua orientação temática para seu objeto e das condições imediatas em que são produzidos. Toda produção verbal, literária e não-literária, não obstante sua "diversidade extrema" (PGD 61), pode então ser estudada no interior de uma única estrutura conceitual e metodológica. Aqui Bakhtin expressa em termos levemente diferentes a mesma oposição que encontramos no capítulo 7 entre as demandas de "um sistema centralizador-normativo de uma língua unitária" (*i.e.*, universalidade) e a "heteroglossia viva" (*i.e.*, diversidade) (DR 272). "O *problema dos gêneros discursivos*" se propõe mediar essa oposição *diferenciando* tipos de discurso, em vez de distinguir absolutamente um do outro — ordenando-os em um espectro contínuo em vez de erigir fronteiras invencíveis entre eles.

Em vista de preservar essa unidade metodológica e em rejeição das distinções fundadas *per se* na "romancização" ou cronotopicidade de determinada obra/enunciação, Bakhtin diferencia os gêneros de discurso em termos de sua *complexidade* social, formal e funcional: o discurso doméstico ou a instrução militar, por exemplo, são classificados como gêneros discursivos simples ou "primários", ao passo que o romance, a peça teatral, todos os tipos de discurso científico, os gêneros publicitários etc. são gêneros discursivos complexos ou "secundários". Podemos imediatamente notar que a distinção entre gêneros discursivos primários e secundários não corresponde perfeitamente a nenhuma distinção entre discurso literário e não-literário: grandes áreas de discurso não-literário — do discurso científico, por exemplo — são classificadas como secundárias. A distinção, de fato, ativa as condições pragmáticas nas quais emergem os gêneros discursivos primários e secundários:

> Os gêneros discursivos secundários (complexos) [...] surgem em condições de interação cultural mais complexa e relativamente muito desenvolvida e organizada, de natureza prioritariamente escrita: artística, científica, sociopolítica etc. (PGD 62).

Os gêneros de fala (discurso) são, então, definidos em termos de suas condições particulares de realização e percepção, que também determinam amplamente sua orientação temática em determinados casos: a instrução militar, por exemplo, está pesadamente limitada por sua função imediata, pelo contexto disciplinar e pela relação entre o falante que comanda e o ouvinte comandado; mas esse contexto também determina amplamente aquilo a que ela pode se referir — "Meia volta, volver!" é reconhecível e compreensível como um "comando", ao passo que "Cante suavemente!" poderia não sê-lo: esse comando arrebentaria totalmente o perfil semântico-contextual do "gênero" (embora devamos notar, mais uma vez, que sua *forma*, na superfície, é irretocável). Em outras palavras, não existe o menor espaço para o "estilo individual" em um gênero discursivo rotineiro como a instrução militar; existe significativamente mais espaço — embora ainda profundamente restrito, como vimos, pelas convenções do gênero — na épica literária; e, talvez previsivelmente, seja o romance que, mais uma vez, se destaca no extremo desse espectro, permitindo, para não dizer garantindo, liberdade *máxima* — romances podem ser "sobre" nada e tudo e são desenhados para permitir a incorporação e a dialogização da plena diversidade de tipos de discurso. O romance é, podemos dizer, o gênero discursivo secundário *por excelência*.

Todavia, a complexidade dos gêneros de discurso não é simplesmente uma questão de estilo individual, nem mesmo de complexidade das condições *imediatas* de realização e de percepção. E isso porque

> no processo de sua formação (os gêneros secundários) absorvem e reelaboram vários gêneros primários (simples), que surgiram em condições de interação verbal direta. Esses gêneros primários, ao adentrarem a estrutura dos gêneros complexos, são transformados e adquirem um caráter particular: perdem sua relação direta com a realidade concreta e com os enunciados reais dos outros. O diálogo familiar ou as cartas num romance, por exemplo, mesmo preservando sua forma e sentido cotidianos apenas no plano do conteúdo romanesco, entram na realidade concreta apenas por meio do romance como um todo, que é um evento artístico-literário e não da vida cotidiana (PGD 62).

Os gêneros complexos, secundários, são literalmente elaborados a partir dos gêneros simples, primários — a carta pessoal, a instrução militar, os diversos tipos de conversação cotidiana. Eles são recontextualizados no contexto de uma obra literária — um romance, por exemplo — mantendo seu perfil estilístico em um nível imediato, mas se transformando num elemento (dialógico) em um perfil estilístico mais amplo, o perfil da obra como um todo. A relação fundamental em qualquer consideração do gênero se torna a relação entre gêneros secundários e gêneros primários ou simples, que são transformadoramente incorporados em gêneros secundários, complexos. Os gêneros primários realmente se formam no decorrer da interação direta, real entre pessoas e grupos sociais em toda a gama de contatos humanos e são depois "reusados" na formação dos gêneros secundários; os gêneros secundários são formados no decorrer de um tipo diferente de interação social, um tipo superior e mais complexo, que pode envolver interação entre empresas comerciais (editoras), instituições críticas e, sem dúvida, todo o ambiente social, cultural e econômico no qual escolas literárias, tendências e gêneros se formam. Bakhtin escreveu nos anos 1930, como meio de exprimir a força com a qual o conceito de gênero adentrou primeiro em sua obra, que os gêneros são nada mais que os *heróis* da história literária:

> Por sob a algazarra do processo literário [são] os destinos maiores e cruciais da literatura e da linguagem, cujos grandes heróis se demonstraram primeiramente e antes de tudo os gêneros e cujas "vertentes" e "escolas" são os segundos ou terceiros protagonistas (ER 8).

Já nos anos 1950, na única tentativa feita por Bakhtin de uma síntese abrangente do seu trabalho inicial e do de seus colegas, o gênero assume um papel ainda mais "heroico": primeiro, os gêneros discursivos fornecem um modo de teorizar o que é e o que não é literatura — de teorizar como a literatura não transcende outros tipos de atividade verbal, mas está, de fato, intimamente relacionada a eles e deles deriva. Segundo, os gêneros secundários não apenas extraem vantagem da forma "já pronta" dos gêneros primários, incorporando-os e transformando-os em vista de produzirem algo mais "complexo", mas, ao fazê-lo, eles também desnudam processos inteiros de evolução sociolinguística. Gêneros não são apenas os "heróis" da história literária, mas da relação histórica entre literatura e sociedade. Mudanças históricas em literatura estão vinculadas a mudanças históricas nas relações sociais por meio do mecanismo específico do gênero. Retomando os termos que deparamos nos capítulos 3 e 4 quando abordamos o Bakhtin "filosófico" inicial, a relação entre "arte" e "vida", em todos os seus pormenores microscópicos e em seu escopo macrocósmico, se torna não apenas perceptível, como perceptível num estado de mudança (de "vir-a-ser") em gêneros, sejam eles literários, ou então:

> Em vista de entender a dinâmica histórica complexa dos [sistemas estilísticos da língua literária e não-literária], em vista de avançar da descrição simples (e, em tantos casos, superficial) dos estilos presentes, e qual substituir ao outro, para uma explicação histórica dessas mudanças, é necessário fazer um exame particularmente orientado da história dos gêneros discursivos (e não apenas dos secundários, mas também dos primários). Os gêneros discursivos refletem mais direta, clara e flexivelmente todas as mudanças que ocorrem na vida de uma sociedade. Os enunciados e seus tipos, isto é, os gêneros discursivos são as correias de transmissão entre a história da sociedade e a história da língua (PGD 65).

RESUMO

À primeira vista, o gênero, como categoria definitivamente literária, começa a influenciar a obra de Bakhtin a partir de sua teorização na obra de Medvedev, *O método formal nos estudos literários — Introdução crítica a uma poética sociológica*, que rejeita uma teoria mecanicista de gênero construída em torno do conceito formalista de dispositivo. Muitas das ideias-chave bakhtinianas — romancização, cronotopo, carnaval — podem ser vistas como variações do tema do gênero; mas é em sua tentativa posterior de sintetizar gênero e translinguística voloshinoviana que ele adquire uma importância central na obra de Bakhtin como um todo. Os gêneros discursivos fornecem uma estrutura na qual a ideia de literatura como um "condensador de avaliações sociais" pode ser traçada em termos práticos, estabelecendo nesse processo as formas literárias como parte de um espectro contínuo de produção verbal, cognato, mas genericamente distinto de outros tipos de fala e escrita. Logo, o gênero é a categoria na qual as camadas (trans)linguística, literária e social da obra de Bakhtin convergem para aquilo que é quase uma teoria "unificada" do que ele produziu em todos os estágios de sua vida. O gênero emerge como uma categoria simultaneamente literária e "transliterária" e, como veremos no próximo capítulo, também tem uma significação especial para a concepção bakhtiniana das ciências humanas.

11

DEPOIS DE BAKHTIN

É intrinsecamente difícil definir o impacto de qualquer pensador. A tarefa de refletir sobre o que é pertinente "depois" do fato da vida e dos escritos de alguém atrai o risco de apresentar essa pessoa como a simples "causa" de um "efeito" identificável. Esses termos e a decorrente relação entre eles devem sempre ser tratados com precaução, muito especialmente no que diz respeito a Bakhtin. Como vimos desde o início, a vida de Bakhtin foi bastante descontínua; o processo de publicação e de tradução de sua obra foi profundamente fragmentado. Isso significou que Bakhtin, por vezes, se beneficiou das mudanças do contexto crítico entre o tempo da escrita e o tempo da publicação de algumas obras e que ele, mesmo indiretamente, algumas vezes afetou o contexto de sua própria recepção. Quando refletimos também sobre a ideia que se mantém como uma presença constante, mesmo que necessariamente variável, no decorrer da obra de Bakhtin — o dialógico como "um fenômeno quase universal, permeando todo discurso humano e todas as relações e manifestações da vida humana, tudo o que tem sentido e significação" (PPD 40) — a discussão da "influência" se torna extremamente problemática, senão de fato inteiramente sem sentido. O problema da "influência" em si pode ser subsumido pela universalidade do dialógico:

> Dois enunciados justapostos pertencentes a duas pessoas diferentes que nada sabem uma da outra, mesmo convergindo minimamente em um e mesmo assunto (ideia), entram inevitavelmente em relações dialógicas um com o outro. Eles entram em contato um com o outro no terreno de um tema comum, de uma ideia comum (PT 114-115).

Do acordo à clara rejeição, e em todos os pontos entre um e outra, as palavras faladas (escritas) sobre um tema correlato — "a palavra encontrando seu objeto" (DR 76) — entram *sempre* em relações dialógicas. A obra de Bakhtin exige, portanto, ser lida em diálogo com cada um de seus muitos pontos potenciais de interseção, que variarão para cada leitor deste livro. Em vez de se concentrar muito servilmente em um "pretenso" legado, este capítulo sugerirá alguns de seus próprios "pontos de interseção" e avaliará como Bakhtin pode ser mobilizado como uma força produtiva em relação a eles.

Um exemplo dramático dos riscos de confundir influência e consanguinidade é o modo como a sociolinguística surgiu e se desenvolveu na segunda metade do século XX a ponto de, na época em que a teoria do discurso de Bakhtin e Voloshinov já tinha um público fora da Rússia, ela já aparecer "domesticada", amplamente consistente com o sentido moderno da linguagem como um fenômeno social e performativo aprofundado por vários ramos da sociolinguística. Um exemplo específico podem ser as similaridades aparentes entre a teoria bakhtiniana do enunciado e aquela que veio a se tornar conhecida como a "teoria do ato de fala". *How to Do Things with Words* [*Quando dizer é fazer — Palavras e ação*], obra de John L. Austin (1911-1960), publicada em 1962, introduziu a ideia de que falar frequentemente também é desempenhar algo, uma ação, tanto quanto um tipo de "feito" como ação física: prometer que você fará algo é tanto uma "ação" quanto o ato que você desempenhará depois, por exemplo. A teoria do ato de fala é um elemento de uma área mais ampla da linguística conhecida como pragmática, que explora tardiamente a capacidade social da linguagem identificada, mas grandemente ignorada por Saussure, ao investigar como o contexto (as "condições de realização e percepção", talvez) é constitutivo da significação do que foi dito — cada pedaço é tão importante quanto as regras "abstratas" da gramática ou da morfologia. A pragmática, em geral, e a teoria do ato de fala, em particular, parecem ecoar elementos da translinguística de Bakhtin e de Voloshinov; pode-se até mesmo dizer que elas ajudaram na recepção tardia de Bakhtin e de Voloshinov — mesmo que, ao mesmo tempo, tenham apagado algo da especificidade do pensamento de Bakhtin. Para Bakhtin, a fala é *sempre* um ato, independentemente de sua intencionalidade ou do "tipo" de ato de fala que esteja sendo desempenhado, por exemplo; e um "ato", que é eticamente subscrito pela pessoa que o desempenha, não é o mesmo que uma "ação", uma categoria descritiva puramente neutra; e ainda, como vimos, o "contexto" não pode ser pensado isoladamente das relações arquitetônicas dos sujeitos presentes àquele contexto.

Por outro ângulo, o do desenvolvimento da poesia moderna, seu abarcar a diversidade discursiva e a centralidade precisamente da voz fizeram a preferência bakhtiniana pelo romance e não pelo verso parecer doutrinária e quase cruel — embora Bakhtin talvez contra-afirmasse que essa é a única prova da contínua "romancização" da poesia e de todos os outros modos não romanescos, contagiados pelo "espírito do vir-a-ser e do inacabamento"

(ER 7) do romance, finalmente atraídos para o campo gravitacional da "realidade da heteroglossia" (DR 271). Até a própria literatura começa a parecer, depois de Bakhtin, mais bakhtiniana, mas uma vez mais sem a implicação de qualquer relação simples de causa e efeito. O que superou ou refez Bakhtin, o atenuou ou absolveu preferentemente problematiza as já dificultosas questões de recepção e influência.

Não obstante essas ressalvas, não há dúvida de que Bakhtin detém um potencial enorme não apenas para os estudos literários, mas também para as ciências humanas em geral. A questão de seu impacto sobre o mundo mais amplo para além da literatura e das ciências humanas e de sua potencialidade nesse contexto é mais complexa — de fato, tão complexa quanto a concepção bakhtiniana da relação entre a arte e a vida que examinamos nos capítulos 3 e 4 e que subsiste como uma força viva, mas menos explícita no decorrer de sua obra posterior. Por isso é que este capítulo avaliará o impacto de Bakhtin e a utilidade dos dois tópicos a seguir, a saber, os estudos literários e as ciências humanas, antes de oferecer uma "última palavra" sobre o mundo "para além" da literatura e das ciências humanas.

OS ESTUDOS LITERÁRIOS DEPOIS DE BAKHTIN

Michael Holquist sugeriu que Bakhtin lança uma "luz estranha" sobre o entendimento obtido da história intelectual (Bakhtin 1981: xvii); o mesmo se podendo dizer, com ainda maior propriedade, de seu impacto sobre os estudos literários. O sentido de "estranho" aqui se aproxima do significado de "misterioso", por isso propriedades literárias aparentemente familiares — forma, ironia, intertextualidade e realismo, por exemplo — parecem conservar as características que as tornam identificáveis, mas, ao mesmo tempo, mudadas para sempre. Uma estranheza turva o familiar, enquanto o que é estranho se torna perturbador não porque seja estranho, mas porque assume uma aparência de familiaridade incômoda. Bakhtin não nega, nem destrói categorias literárias familiares, que mantêm pelo menos sua aparência externa, mas que, ao mesmo tempo, adquirem valor e significação mais profundos.

A ironia, por exemplo, é simultaneamente abalada e renovada quando considerada no contexto do discurso duplamente articulado e do dialógico. Convencionalmente os vários tipos de ironia são definidos em termos de uma distância ou contradição entre o que é dito, visto ou pressuposto e o que o leitor ou o público são instados a entender. Tanto na ironia dramática, na qual o público pode entender que as ações de determinado personagem são contrárias a seus interesses — quando o público sabe basicamente mais que o personagem — quanto na ironia verbal, quando o que se pretende não é igual ao que está sendo literalmente afirmado, a ênfase não está nas situações ou sentidos em si mesmos, e sim no espaço entre eles — no fato, constitutivo da ironia, de sua não-coincidência. Em termos bakhtinianos, a ironia subsiste como uma categoria vazia, "abstrata", até o momento em que essa não-coincidência é explicitamente *personalizada*: a relação entre o que é dito, o que é entendido pelo personagem a quem ele é dito e o que é entendido pelo leitor deve ser vista em termos da arquitetônica concreta do evento do encontro entre sujeitos encarnados. Não são a distância ou a não-coincidência enquanto tais o que importa, e sim a mecânica específica da relação entre essas "pessoas" que se encontram umas às outras em meio a essa distância — que, consistentemente com o poder constitutivo da externalidade no processo de "formação", é uma precondição para toda "ironia", mas não para sua essência definitiva. Como vimos no capítulo 7, em exemplos extraídos de *A pequena Dorrit* e *A casa soturna*, a ironia cômica leve, que poderia de outro modo se manter como fenômeno relativamente bidimensional, refletido em uma relação estabelecida entre o autor e o leitor *às expensas* do herói, se torna multidimensional quando imbricada na estrutura arquitetônica do evento do encontro entre várias consciências — quando é corporificada e se torna parte da estrutura do evento. Bakhtin chegará até mesmo a argumentar posteriormente na vida que não pode haver fala ou escrita *sem* ironia, porque todo discurso, intencional ou não, está condicionado pela distância do duplamente articulado: "A ironia está em todas as partes [...]. O homem moderno não proclama; ele fala. Isto é, ele fala com reservas" (N70 132). E como manifestação do discurso duplamente articulado, a ironia também se torna um quase sinônimo do dialógico.

Algo similar pode ser dito da categoria literária fundacional de forma, como começamos a ver no capítulo 4 ao discutir a arquitetônica. Para Bakhtin, a forma não é *primariamente* uma questão do que ele considera como características de superfície ou composicionais, do pentâmetro iâmbico ao verso branco ou à narrativa em 3ª pessoa. Todas elas são significativas na obra literária não em si mesmas, mas em termos da função que desempenham em relação à arquitetônica do(s) evento(s) do mundo interior de determinado mundo literário e à arquitetônica abrangente (e de interligação) do "evento" da obra literária em si. A forma é uma função das relações dialógicas entre o autor, o herói e o leitor. Duas obras que sejam superficialmente similares em termos de seu perfil formal composicional de superfície podem ser mundos à parte em termos de seu perfil profundo, arquitetônico-formal. Como insistimos antes (capítulo 7), se comparar *Os miseráveis*, de Victor Hugo, a *O estrangeiro*, de Camus em qualquer base formal ou estilística seria absurdo (não obstante as duas obras serem "romances"), seria igualmente equivocado afirmar que as bem marcadas semelhanças formais e estilísticas entre Os *miseráveis*, outra vez de Victor Hugo, e *O conde de Montecristo* (1844-1845), de Dumas, são tão significativas quando as profundas distinções arquitetônicas (e cronotópicas) entre os dois romances.

Até mesmo um termo como "intertextualidade", que denota convencionalmente a inter-relação definitiva entre textos literários — em outros termos, o oposto de toda concepção do texto literário como autossuficiente — parece ser simultaneamente instituído e destituído em Bakhtin. Uma leitura intertextual de determinado texto pode tentar estabelecer que outros textos estão "presentes" nele e, com isso, estabelecer que a produção de sentido decorre não da inscrição unidimensional da intenção autoral *nesse* texto, e sim da interanimação de muitos textos, dos quais nem todos estão claramente sob o "controle" de um único autor. A intertextualidade pareceria, então, implicar uma relação "dialógica" entre textos, a necessária imbricação de determinado texto na (potencialmente) história completa da produção literária anterior. Para dar um exemplo bem básico, que lança uma luz diferente sobre nossa invocação de *Jane Eyre*, de Brontë, em relação com o cronotopo do capítulo 8, o sentido e o efeito da obra de Jean Rhys (1890-1979), *Wide Sargasso Sea* (1966), que reconstrói parte do passado de Rochester e Bertha, se torna implicitamente dependente de uma relação intertextual com a obra anterior (e, mais poderosamente) no sentido de que *Jane Eyre* é potencialmente transformado por sua relação intertextual com a obra posterior. Contudo, para Bakhtin, isso é mais uma vez uma relação de "superfície", por mais convincente e até indispensável que pareça ser para uma leitura de *Jane Eyre* e/ou *Wide Sargasso Sea*. A descrição bakhtiniana da mecânica do dialogismo universal (algo que já vimos no capítulo e, de novo, no início deste capítulo na discussão sobre a própria "influência" de Bakhtin) insiste: *todo* enunciado (inclusive a obra literária)

> encontra o objeto para o qual se dirige sempre e já qualificado, por assim dizer, disputado, avaliado, envolto em uma névoa obscurecente, ou, ao contrário, pela luz de outras palavras já ditas sobre ele (DR 276).

A "universalidade" das relações dialógicas universaliza, portanto, a possibilidade de relações intertextuais (ou interverbais). É importante não apenas estabelecer relações entre textos particulares em uma base temática isolada, como também estar ciente de que *todo* discurso vivo, literário ou de outro tipo qualquer, entre nesse "ambiente dialogicamente agitado e preenchido pela tensão de outras palavras, avaliações, sotaques" (DR 276) e que as posições de sujeito implicadas ou as avaliações sociais que determinam esse ambiente estejam, consequentemente, meio que "presentes" no texto sob discussão, determinando seu perfil estilístico e semântico. Para Bakhtin, *toda* textualidade é intertextualidade; mas a identificação da intertextualidade sem um foco definitivo nas relações dialógicas subjacentes é tão vazia quanto qualquer teoria do texto autônomo e autossuficiente que ela busca deslocar.

Em outro nível, se evocarmos as categorias histórico-literárias de larga escala mais convencionais tais como o sentimentalismo ou o realismo, poderemos observar efeitos correlatos. Bakhtin não está tentando desconstruir o realismo, por exemplo, solapando explicitamente o princípio mimético situado em seu núcleo ou expondo as convenções desenvolvidas para manter a ilusão de equivalência entre o texto e a "realidade". O que ele, ao contrário, defende é que as equivalências decorrentes da mimese também devem ser entendidas como equivalências dialógicas e que as próprias convenções que apoiam tais equivalências estão, enquanto "forma composicional", próximas do sem sentido quando consideradas isoladamente dos sujeitos encarnados do mundo ficcional e além. Por isso o realismo dostoievskiano consiste em sua encenação sofisticada de encontros entre "sujeitos vivos": é um realismo "no mais alto sentido", coerente com a citação aprovadora de Bakhtin da própria autoavaliação de Dostoiévski: "Eles me chamam de *psicólogo*. Não é verdade; eu sou [...] um realista *no mais alto sentido* [...]" (PPD 60). Esse realismo bakhtiniano (dostoievskiano) é adequado não apenas às aparências de superfície, por mais complexas, mas a toda interação humana verbalizada, em toda a sua eventicidade dialógica, infinalizável; ele é, como tudo em Bakhtin, um emblema ou componente de uma estética abrangente e explicitamente ética construída em torno do corpo, da pessoa e do discurso do sujeito humano — em torno do "ser *expressivo e falante*".

O romance ou "romancização", como vimos, veio para simbolizar essa estética mais do que qualquer outro fenômeno — logo expondo o próprio romance à "estranha luz" que de fato transforma e preserva todas as categorias literárias. O romance, como vimos, se transforma num marco de sustentabilidade de toda teoria convencional de gênero — mas também, paradoxalmente, das repetidas tentativas de Bakhtin e seus colegas de reformular e reavivar o gênero. Aqui, porém, não é somente o gênero que começa a aparecer sob uma luz estranha; a teorização bakhtiniana final de gênero, esboçada no capítulo anterior, explicita uma preocupação teórica produtiva que esteve silenciosamente presente em sua obra desde o início — uma preocupação com o início e o fim da própria *literatura*.

AS CIÊNCIAS HUMANAS DEPOIS DE BAKTIN: GÊNERO E DISCIPLINA

É tentador abordar a questão "Bakhtin e as ciências humanas" atravessando o território particular através do qual os estudos literários fizeram interface com as outras ciências humanas durante o período em que Bakhtin alcançou proeminência — teoria e crítica literárias. Essa área específica de uma história intelectual mais ampla realmente surge sob uma "estranha luz" depois de Bakhtin, que situa a sempre persistente oposição entre teoria e humanismo sob uma profunda interrogação. Existe, porém, uma rota mais direta da literatura para as ciências humanas amplamente concebidas, que procede do "ser expressivo e falante" referido acima, assim como da categoria não mais exclusivamente literária de *gênero.*

"Ser expressivo e falante" é exatamente como Bakhtin define "o objeto das ciências humanas". A intenção é distinguir primeiramente as ciências humanas das ciências naturais: no ensaio tardio "O problema do texto em linguística, filologia e ciências humanas: um experimento em análise filosófica", e numa retomada da crítica ao teoreticismo que encontramos no capítulo 3, Bakhtin caracteriza o objeto das ciências naturais em termos de sua evidência: ele é "dado como coisa" (PT 106). Contrariamente ao objeto das ciências humanas, ele não tem uma *voz,* não responde ao observador ou pesquisador. Nas humanidades, o entendimento é uma "reflexão de uma reflexão" (PT 113), na qual "a pesquisa se torna investigação e conversa, quer dizer, diálogo", enquanto em ciências naturais, "não fazemos perguntas à natureza e ela não nos responde" (PT 114). Não pode haver relação dialógica com o objeto das ciências naturais, mas, nas ciências humanas, "o entendimento é sempre em alguma medida dialógico" (PT 111). O critério relevante em ciências humanas é "o entendimento profundo" (PT 127), em oposição às séries de termos pejorativos que Bakhtin usa para enfatizar a "exatidão" das ciências exatas (naturais): "transcrição", "replicação", "precisão" etc.:

> As ciências exatas são uma forma monológica de conhecimento [...] Nelas há apenas um sujeito, o sujeito que conhece (contempla) e fala (enuncia). Ali se mantém diante (desse sujeito) apenas uma *coisa muda*. Todo objeto pode ser recebido e conhecido como uma coisa. Mas o sujeito enquanto tal não pode ser recebido ou estudado como coisa porque, enquanto sujeito, ele não pode emudecer e permanecer um sujeito; consequentemente a cognição [do sujeito] só pode ser *dialógica* (OECH 161).

Uma vez mais, em acordo com a ideia nuclear do "evento de ser irrepetível", discutida no capítulo 3, o entendimento em ciências humanas "nunca é uma tautologia ou duplicação" (PT 115), porque, de fato, o entendimento *cria* algo novo na consciência do sujeito cognoscente. Há elementos "dados" no objeto das disciplinas humanas — a língua, por exemplo, concebida como sistema abstrato — mas focar no dado às expensas do que é criado é também reduzir as humanidades a uma forma *monológica* de conhecimento.

Em outro nível, o "ser expressivo e falante" permite a Bakhtin estabelecer uma base comum para as próprias disciplinas das humanidades:

> O texto (escrito e oral) é o dado primário de todas essas disciplinas e de todo o pensamento em ciências humanas [...]. O texto é a realidade não mediada (uma realidade de pensamento e de experiência) a partir da qual essas disciplinas e esse pensamento podem emergir. Onde não há texto, não há objeto de estudo ou de pensamento (PT 103).

Se, nas ciências humanas, o pensamento está definitivamente "voltado para outros pensamentos, ideias, sentidos", que são "percebidos e disponibilizados ao pesquisador apenas na forma de um *texto*", então o próprio texto é "o único ponto de partida possível [...] independentemente dos objetivos da pesquisa" (PT 104).

É de se notar nessa conexão que, mesmo não embarcando numa série de distinções no interior das humanidades, Bakhtin levanta o mesmo problema que encontramos no capítulo anterior, a saber, "o problema das funções do texto" e daquilo que ele então classifica como "gêneros *textuais*" (PT 104, grifo meu). De fato, não existe diferença entre "gêneros discursivos" e "gêneros textuais", uma vez que "texto" abrange explicitamente tanto o que é dito quanto o que é escrito. Desse modo, "textos" que são o objeto das ciências humanas podem assumir a forma de amostras de fala em sociolinguística, de testemunho oral em história, de poemas e de romances em estudos literários, de escritos políticos em ciência politica, por exemplo; e tais textos, como vimos, podem ser abordados do ponto de vista do modelo dos gêneros discursivos bakhtinianos, de modo a reconhecer seu compartilhamento enquanto fenômenos em meio aos quais pode haver relações dialógicas e que, simultaneamente, identificam sua especificidade funcional e estilística como "tipos" enunciativos, com seus contextos, ou "condições de realização e percepção", e preocupações temáticas típicas. Sua "natureza verbal comum" é estabelecida em um nível de generalidade significativa; seu estilo e função variáveis, mas identificáveis, são estabelecidos em um nível de particularidade igualmente significativa.

Vimos como um gênero "secundário" como o romance incorpora e transforma gêneros primários formados no decorrer da interação direta, real entre pessoas e grupos sociais por todo o leque do contato humano — e que, no nível primário, podem de fato ser muito parecidos com o espectro das "amostras de fala" que identificamos como objeto potencial da sociolinguística. A "forma e sentido cotidiano" (PGD 62) de cada fala podem ser idênticos, seu perfil estilístico e semântico, invariáveis; mas a função de ambos e o modo pelo qual ela entra na "realidade real" são, em cada caso, inteiramente diferentes — arquitetonicamente determinados por sua localização genérica. Além disso, certos romances, como *O tambor* (1959), de Günter Grass (*1927), podem incorporar um discurso mais estilística e funcionalmente desenvolvido assemelhado ao testemunho oral que identificamos como objeto potencial da história. Em todos os três casos, gêneros diferentes fazem coisas diferentes como o "mesmo" material, transformado como se tivesse sido incorporado em sua nova localização genérica. O modelo gêneros discursivos oferece uma maneira de começar, em termos muito práticos, a identificar as relações genéricas — logo, sociais e históricas — entre gêneros literários e "não literatura).

Além da "não literatura" dos gêneros cotidianos, contudo, a "não literatura" possui outro território bastante peculiar. Quando levamos em conta que os "gêneros textuais" também podem assumir a forma de ensaios, artigos e livros em sociolinguística, estudos literários, história e ciência politica, o modelo gêneros discursivos também passa a ser um modo de identificar as relações "genéricas" — logo, ao menos potencialmente sociais e históricas — entre *disciplinas* em ciências humanas e outras. Pensar as disciplinas mais ou menos como gêneros, com suas próprias condições de realização e de percepção e seus próprios modos de se orientarem para seu "assunto" é o que ocupa as reflexões de Bakhtin sobre as semelhanças e diferenças entre disciplinas para além da simples alegação de que o "método" dialógico — embora se trate, indubitavelmente, mais (e menos) do que de um "método" — é não apenas relevante, mas *necessário* para toda disciplina para a qual o texto e a fala sejam "o dado primário", da sociolinguística à filosofia, dos estudos literários à história, da antropologia à ciência política. Simplesmente enquanto gêneros, sua "natureza comum" é estabelecida num nível de generalidade significativa; seu estilo e sua função, variáveis, mas identificáveis, são estabelecidos num nível de especificidade igualmente significativa.

Textos são dados primários para as disciplinas de ciências humanas em dois ou mais sentidos, como vimos: "primário" (fala cotidiana, testemunho oral etc.) e suas diversas variantes "secundárias" (romances, ensaios críticos sobre romances, historiografia etc.). Mesmo que o texto também seja, para mudar essa terminologia, um "dado secundário" para as disciplinas científicas; mesmo que as disciplinas científicas, cujos objetos "não falem" e entre as quais não possa haver, portanto, relações dialógicas, devam elas mesmas "falar" por meio do texto. O "discurso científico" é também uma constelação de gêneros discursivos secundários, sensíveis em um segundo nível à "realidade da heteroglossia" e à influência universal do dialogismo; mas essas forças não influenciarão nem determinarão o perfil de cada discurso de maneira tão profunda quanto nesse caso, em diferentes extremos, com a fala cotidiana ou com os romances. Isso permite a Bakhtin insistir, por um lado, numa "estrita demarcação entre entendimento e estudo científico" e, por outro, sustentar que não há "barreira insuperável" entre as ciências humanas e naturais (N70 145). Elas representam diferentes formas de conhecimento, que podem estar relacionadas umas às outras segundo uma "demarcação estrita", antes de se diferenciarem em termos dos "gêneros textuais" que geram. Assim como as ciências humanas podem ser reduzidas à forma monológica de conhecimento, a forma *necessariamente* monológica de conhecimento que é a ciência também pode — deve — ser dialogizada, não em relação a seu objeto primário (uma relação estrita sujeito-objeto), mas em um nível secundário como se ela gerasse enunciados e tipos de enunciado em seu espectro de temas — como comunicados por e para (outros) sujeitos.

A linguagem — melhor, o discurso — vem a ser aquilo que chamamos inicialmente "via expressa da interdisciplinaridade" em modos profundamente inclusivos, o lugar no qual Bakhtin propõe teorizar as ciências humanas de maneira a explicitar (logo, proteger) um entendimento tanto de sua condição fundamental quanto de sua *differentia specifica*. Ela também é o lugar no qual ele propõe "demarcar" as ciências humanas em confronto com outras formas de conhecimento, possibilitando assim um "diálogo" entre elas que não será conduzido na base do monologismo primário do discurso científico. Bakhtin dá a entender que a prática da interdisciplinaridade seguirá sendo o que Roland Barthes

(1915-1980), teórico literário e cultural francês, chamou de um "desejo pio" (Barthes 1977: 155) até o advento daquilo que podemos chamar de uma "poliglossia de disciplinas", uma analogia distante com a poliglossia que Bakhtin identificou como consciência linguística variante em si mesma (capítulo 7); porém, em vez de línguas e culturas se interanimando umas às outras, tornando-se, nesse processo, "algo completamente diferente", as próprias disciplinas têm de entrar num "mundo galileano aberto" paralelo a muitas disciplinas, "animando-se mutuamente umas às outras" (PDR 61). Depois de Bakhtin, as humanidades serão uma forma de estudo que se "move nas esferas liminares, ou seja, pelas bordas de todas as disciplinas supracitadas, por suas junturas e pontos de interseção" (PT 103), um mundo de "demarcação benevolente. Sem disputas de fronteira. Cooperação" (N70 137). Bakhtin sentiu a necessidade de enfatizar a "demarcação estrita", mas prefere manifestamente a "demarcação benevolente e *só depois disso* a cooperação" (N70 136, ênfase minha). Nenhuma expressão resume Bakhtin melhor.

ÚLTIMAS PALAVRAS: O MUNDO ALÉM DAS CIÊNCIAS HUMANAS

A discussão sobre as disciplinas, sobre seu lugar nas ciências humanas e sobre a relação das ciências humanas com outras formas de conhecimento demonstra, mais uma vez, a persistência, no pensamento de Bakhtin, de perguntas sobre "mundos" e "fronteiras" imaginárias ou reais entre eles. O discurso monológico é "unilateral, limitado, incapaz de esgotar seu objeto" (PDR 55); a épica como gênero está desligada do momento contemporâneo de seu público-leitor por uma "fronteira [que] é imanente na forma da própria épica" (ER 16). Não obstante, esse foco nas fronteiras, mais uma vez, evidencia como Bakhtin está pretendendo utilizar um termo e, ao mesmo tempo, apagar ou mudar seu sentido. Fronteiras, como tais, só existem em seu pensamento em razão de seu *status* de fronteiras a serem solapadas: "O campo cultural não tem território interior: ele se localiza integralmente nas fronteiras, e as fronteiras intersectam seu próprio elemento [...]" (PCMF 274). Para Bakhtin, tudo é mais dialogicamente vivo "na fronteira entre seu próprio contexto e outro contexto estranho" (DR 284). Mesmo a ciência, como vimos acima, precisa ser (benevolentemente) demarcada, mas não existe no extremo oposto de alguma "barreira insuperável". Isso tem a ver mais espetacularmente com o corpo humano, que é especificamente "o corpo inacabado e aberto", que "não está separado do mundo por limites claramente definidos; ele está misturado ao mundo" (RM 26-27). O discurso, as obras literárias, os gêneros literários, as disciplinas acadêmicas, até mesmo os corpos estão mais vivos, em seu momento mais produtivo, quando concebidos em termos de transgressão dialógica, quando revelam que as fronteiras provisórias que ajudam a estruturar nossa ideia deles são, de fato, ilusórias. O pensamento dialógico é fundamentalmente uma obra de suprassunção.

Isso incide diretamente sobre o que é mais persistente em todas as "fronteiras" em Bakhtin, expresso em termos de "arte" e "vida" em suas obras iniciais e que se sedimenta nas mais inclusivas e, sem dúvida, compreensivas, "cultura" e "vida" ao final de sua carreira: primeiro, "a literatura é parte inseparável da cultura e não pode ser entendida externamente ao conceito de toda a cultura de determinada época" (RQ 2); segundo, e decisivamente, "o mundo da cultura e da literatura é essencialmente tão sem limites quanto o universo" (N70 140) — tão "sem limites" quando a descrição anterior de Voloshinov do "oceano de discurso interior" (MFL 85). A determinação bakhtiniana de romper com "o círculo imanente dos estudos literários" que observamos no capítulo 7, o desejo de conectá-lo com "outros mundos", surge em última instância como uma afirmativa relativamente "frágil" de seu programa teórico, que de fato expõe todas as fronteiras fixas entre um "mundo" e outro como inteiramente ilusórias. Literatura/cultura e "vida", "o mundo" ou "sociedade", podemos dizer, são *copresentes*, estão imbricados um no outro, são isoladamente "impensáveis" —

mas, ao mesmo tempo, não são simplesmente o "mesmo": eles não "duplicam" nem "se transcrevem" uns aos outros, não podem ser reduzidos uns aos outros.

Isso é mais que um ponto puramente "teorético"; de fato, ele tem profunda significação "prática" (assumindo naturalmente que a suposta fronteira entre 'teoria" e "prática" se dissolva sob uma luz bakthiniana). A inseparabilidade entre literatura, cultura (e pensamento acadêmico), por um lado, e o mundo da vida" que não está mais "além" deles, mas de fato os contém, por outro, é o contexto para um Bakhtin que foi em certa medida negligenciado. Esse é um Bakhtin para quem o objeto "real" da pesquisa em ciências humanas é o "homem social (público)" (PT 113), para quem o propósito e a função do pensamento dialógico é revelar as fronteiras discursivamente codificadas que permitem a construção de gênero, etnicidade e classe social. O pensamento dialógico e as categorias que ele produz, embora estejam, como vimos, intimamente relacionados à literatura, não estão em sentido algum limitados seja à literatura, seja à cultura em seu sentido convencional. "Cultura", na acepção bakhtiniana, é literal e completamente "sem limites", estendendo-se, como as relações dialógicas, sobre "todo discurso humano e todas as relações e manifestações da vida humana, sobre tudo o que tem sentido e significação" (PPD 40). "Cultura" e (a palavra) "discurso" se combinam em Bakhtin para equacionar algo muito semelhante à ideologia, aliviado de toda a bagagem "abstrata", "teórica", "despersonalizada" com a qual ele foi sobrecarregado, o objeto próprio não de uma inquirição sociológica ou "filosófica", mas de uma mistura diferenciada de estética e ética e que se chama dialógica.

O processo de estudar cultura/discurso/ideologia em relações dialógicas, como o próprio processo dialógico, também é "sem limites"; não tem fim, porque

> a palavra quer ser ouvida, entendida, respondida e de novo responder à resposta e assim por diante, *ad infinitum*. Ela entra em um diálogo que não tem um fim semântico [...] (PT 127).

O pensamento dialógico implica uma orientação não para a "necessidade", mas antes para a "possibilidade" (N70 139), para um contexto futuro imediato que não é menos concreto que o presente:

> O contexto antecipado do futuro: um sentido de que estou dando um novo passo (progredi). Estágios do movimento dialógico de *entendimento*: o ponto de partida, o texto dado; retromovimento, contextos passados; movimento adiante, antecipação (e início) de um contexto futuro (OECH 161-162).

As próprias palavras finais de Bakhtin enfatizam, acima de tudo, que pode não haver "fim" para o "movimento dialógico", que é simultaneamente expressivo e constitutivo da inacabamento:

> Não há primeira nem última palavra e não há limites para o contexto dialógico (ele se estende para o passado ilimitado e o futuro ilimitado). Mesmo sentidos passados, isto é, aqueles nascidos no diálogo dos séculos passados, nunca podem ser estáveis (finalizados, acabados de uma vez por todas) — eles sempre mudarão (serão renovados) no processo do desenvolvimento futuro subsequente do diálogo. Em todo momento do desenvolvimento do diálogo há massas imensas, ilimitadas, de sentidos contextuais esquecidos, mas em certos momentos do desenvolvimento subsequente do diálogo, no decorrer do caminho em que eles são reconvocados e revigorados numa forma renovada (num novo contexto). Nada está absolutamente morto: todo sentido terá seu festival de boas-vindas (OECH 170).

Festival de boas-vindas? Quantidades ilimitadas...

LEITURA INDICADA

1. FONTES PRIMÁRIAS

BAKHTIN

Problemas da poética de Dostoiévski. 4.ed.rev. e amp. Trad.: P. Bezerra. Rio de Janeiro: Forense Universitária, 2008.

Estética da criação verbal. Trad.: P. Bezerra. São Paulo: Martins Fontes, 2003.

Teoria do romance I — A estilística. Trad.: P. Bezerra. São Paulo: Editora 34, 2015.

Os gêneros do discurso. Trad.: P. Bezerra. São Paulo: Editora 34, 2016.

Notas sobre literatura, cultura e ciências humanas. Trad.: P. Bezerra. São Paulo: Editora 34, 2017.

Questões de estilística no ensino. Trad.: S. C. Grillo e E. V. Américo. São Paulo: Editora 34, 2013.

O freudismo. Trad.: P. Bezerra. São Paulo: Perspectiva, 2001.

A cultura popular na Idade Média e no Renascimento: o contexto de François Rabelais. Trad.: Y. F. Vieira. São Paulo: Editora HUCITEC e Editora da UnB, 1987.

Para uma filosofia do ato responsável. Trad.: V. Miotello e C. A. Faraco. São Carlos: Pedro & João Editores, 2010.

VOLOSHINOV

Marxismo e filosofia da linguagem: problemas fundamentais do método sociológico na ciência da linguagem. Trad.: S. C. Grillo e E. V. Américo. São Paulo: Editora 34, 2017.

MEDVEDEV

O método formal nos estudos literários: introdução crítica a uma poética sociológica. Trad.: E. V. Américo e S. C. Grillo. São Paulo: Contexto, 2012.

2. OUTRAS OBRAS CITADAS

ANÔN. *Beowulf*. Exeter: University of Exeter, 1988 [c. 700-1100 d.C.].

APULEIO. *The Golden Ass*. Nova York: Penguin, 1998 [c. 125—180 d.C.].

AUSTIN, J. L. *How to do Things with Words*. Oxford: Clarendon Press, 1962.

BARTHES, R. *Image-Music-Text*. Trad.: S. Heath. s.l.: Fontana, 1977.

BRONTË, C. *Jane Eyre*. Nova York: Penguin, 2006 [1847].

BULGAKOV, M. *Master and Margarita*. Trad.: M. Glenny. Nova York: Vintage, 2010 [1940/1973].

BUTTERWORTH, J. *Jerusalem*. Londres: Nick Hern Books, 2009.

CAMUS, A. *L'Étranger*. Paris: Gallimard, 1957 [1942].

CAPOTE, T. *In Cold Blood*. Nova York: Penguin, 2000 [1965].

CARTER, A. *Nights at the Circus*. Nova York: Vintage, 1994 [1984].

CASSIRER, E. *The Philosophy of Symbolic Forms*, 4 vols. Trad.: R. Manheim. Princeton: Yale University Press, 1953-1996.

CERVANTES, M. de. *Don Quixote*. Nova York: Penguin, 2003 [1605].

DERRIDA, J. "Plato's Pharmacy", in *Dissemination*. Trad.: B. Johnson. Londres: Athlone Press, 1981, pp. 61-171.

DICKENS, C. *David Copperfield*. Wordsworth Classics, 1992 [1849-1950].

___. *Bleak House*. Nova York: Penguin, 1996 [1852-1853].

___. *Little Dorrit*. Hertfordshire: Wordsworth Classics, 1992 [1855-1857].

DUMAS, A. *Le Comte de Monte-Cristo*. Paris: Pocket, 1995 [1844-1845].

EIKHENBAUM, B. "Leskov i sovremennaia proza" ["Leskov e a prosa contemporânea"] in Eikhenbaum, B. *Literatura: teoriia, kritika, polemika*. Priboi, 1927, pp. 210-225.

ENGELS, F. *Dialectics of Nature*. Trad.: C. Dutt. Londres: Lawrence and Wishart, 1940 [1883].

FREUD, S. *Civilization and its Discontents*. Nova York: Penguin, 2004 [1930].

FRYE, N. *Anatomy of Criticism: Four Essays*. Princeton: Princeton University Press, 1957.

GOETHE, J. W. von. *Wilhelm Meister*. Trad.: H. M. Waidson. Richmond: Alma Classics, 2013 [1795-1796/1821].

GOGOL, N. "The Overcoat" [1842], in *The Diary of a Madman, The Government Inspector and Other Stories*. Trad.: R. Wilks. Nova York: Penguin, 2005, pp. 140-173.

GRASS, G. *The Tin Drum*. Nova York: Vintage, 2010 [1959].

HELIODORO DE EMESA. *Aethiopica*. Trad.: W. Lamb. Londres: Dent, 1997 [c. 220-250 d.C.].

HOMERO. *The Iliad*. Trad.: A. Pope. Nova York: Penguin, 1996 [760-710 a.C.].

HUGO, V. *Les Misérables*. Paris: Garnier, 1963 [1862].

JAKOBSON, R. "Noveishaia russkaia poeziia" ["Poesia russa recente"], in Jakobson, R. *Selected Writings*, vol. 5. Haia: Mouton, 1979, pp. 299-354.
KEATS, J. *The Complete Poems*. Nova York: Penguin, 1988.
KELMAN, J. *How Late it Was, How Late*. Londres: Secker & Warburg, 1994.
LÊNIN, V. *Materialism and Empirio-criticism*. Londres: Martin Lawrence, 1927 [1909].
MARCUSE, H. "The Affirmative Character of Culture", in *Negations: Essays in Critical Theory*. Boston: Beacon Press, 1968, pp. 88-133.
MARX, K. 'Theses on Feuerbach', http://bit.ly/1d7CoUY [1845/1924], acesso: 19Out2017.
MILTON, J. *Paradise Lost*. Nova York: Penguin, 2003 [1667].
PEACE, D. *GB84*. Londres: Faber & Faber 2014 [2004].
PETRÔNIO. *Satyricon*. Oxford: Oxford University Press, 1997 [c. 27-66 d.C.]
PUSHKIN, A. *Eugene Onegin*. Trad.: S. Mitchell. Nova York: Penguin, 2008 [1825-1832].
RABELAIS, F. *Gargantua and Pantagruel*. Trad.: M. A. Screech. Nova York: Penguin, 2006 [c. 1532-1564].
RHYS, Jean. *Wide Sargasso Sea* (Penguin, 2000). [1966]
SAUSSURE, F. de. *Course in General Linguistics*. Fontana/Collins, 1974 [1916].
SCOTT, W. *Marmion*. Oxford: Clarendon Press, 1889 [1808].
STÁLIN, J. *Concerning Marxism in Linguistics*. Moscou: Soviet News, 1950.
TURGENEV, I. "Andrei Kolosov", in *The Diary of a Superfluous Man: And Other Stories*. Trad.: C. Garnett. Nova York: Tark, 2009 [1844], pp. 117-143
WELSH, I. *Trainspotting*. Londres: Minerva, 1994.

3. SELEÇÃO DE OBRAS CRÍTICAS SOBRE BAKHTIN

BRANDIST, C. *The Bakhtin Circle: Philosophy, Culture, Politics*. Londres: Pluto Press, 2002.
CLARK, K.; HOLQUIST, M. *Mikhail Bakhtin*. Cambridge: Harvard University Press, 1984.
EMERSON, C. *The First Hundred Years of Mikhail Bakhtin*. Princeton: Princeton University Press, 1997.
FALCONER, R.; ADLAM, C.; MAKHLIN, V.; RENFREW, A. (orgs.). *Face to Face: Bakhtin in Russia and the West*. Sheffield: Sheffield Academic Press, 1997.
HIRSCHKOP, K. *Mikhail Bakhtin: An Aesthetic for Democracy*. Oxford: Oxford University Press, 1999.
HIRSCHKOP, K., SHEPHERD, D. (orgs.). *Bakhtin and Cultural Theory*. Manchester: Manchester University Press, 1989.
MAYERFELD BELL, M.; GARDINER, M. (orgs.). *Bakhtin and the Human Sciences: No Last Words*. Londres: Sage, 1998.
MORSON, G. S.; EMERSON, C. *Mikhail Bakhtin: Creation of a Prosaics*. Palo Alto: Stanford University Press, 1990.
PECHEY, G. *Mikhail Bakhtin: The Word in the World*. Londres: Routledge, 2007.
RENFREW, A. *Towards a New Material Aesthetics: Bakhtin, Genre and the Fates of Literary Theory*. Cambridge: Legenda, 2006.
TIHANOV, G. *The Master and the Slave: Lukács, Bakhtin, and the Ideas of their Time*. Oxford: Oxford University Press, 2000.
TODOROV, T. *Mikhail Bakhtin: The Dialogical Principle*. Trad.: W. Godzich. Minneapolis: University of Minnesota Press, 1984.

ÍNDICE DE NOMES E ASSUNTOS

Coleção Lingua[gem]

1. *Português ou brasileiro? Um convite à pesquisa*, Marcos Bagno
2. *Linguagem & comunicação social*, Manoel Luiz Gonçalves Corrêa
3. *Por uma linguística crítica*, Kanavillil Rajagopalan
4. *Educação em língua materna: a sociolinguística na sala de aula*, Stella Maris Bortoni-Ricardo
5. *Sistema, mudança e linguagem*, Dante Lucchesi
6. *"O português são dois"*, Rosa Virgínia Mattos e Silva
7. *Ensaios para uma sócio-história do português brasileiro*, Rosa Virgínia Mattos e Silva
8. *A linguística que nos faz falhar*, Kanavillil Rajagopalan & Fábio Lopes da Silva [orgs.]
9. *Do signo ao discurso*, Inês Lacerda Araújo
10. *Ensaios de filosofia da linguística*, José Borges Neto
11. *Nós* cheguemu *na escola, e agora?*, Stella Maris Bortoni-Ricardo
12. *Doa-se lindos filhotes de* poodle, Maria Marta Pereira Scherre
13. *A geopolítica do inglês*, Yves Lacoste [org.], Kanavillil Rajagopalan
14. *Gêneros*, José Luiz Meurer, Adair Bonini & Désirée Motta-Roth [orgs.]
15. *O tempo nos verbos do português*, Mª Luiza M. S. Corôa
16. *Considerações sobre a fala e a escrita*, Darcilia Simões
17. *Princípios de linguística descritiva*, Mário A. Perini
18. *Fundamentos empíricos para uma teoria da mudança linguística*, U. Weinreich, W. Labov & M. I. Herzog
19. *Por uma linguística aplicada indisciplinar*, Luiz Paulo da Moita Lopes
20. *Origens do português brasileiro*, Anthony Julius Naro & Maria Marta Pereira Scherre
21. *Introdução à gramaticalização*, Sebastião Carlos Leite Gonçalves, Mª Célia Lima-Hernandes & Vânia Cristina Casseb-Galvão [orgs.]
22. *O acento em português*, Gabriel Antunes de Araújo [org.]
23. *Sociolinguística quantitativa*, Gregory R. Guy & Ana Maria Stahl Zilles
24. *Metáfora*, Tony Berber Sardinha
25. *Norma culta brasileira*, Carlos Alberto Faraco
26. *Padrões sociolinguísticos*, William Labov
27. *Gênese dos discursos*, Dominique Maingueneau
28. *Cenas da enunciação*, Dominique Maingueneau
29. *Estudos de gramática descritiva*, Mário A. Perini
30. *Caminhos da linguística histórica*, Rosa Virgínia Mattos e Silva
31. *Limites do discurso*, Sírio Possenti
32. *Questões para analistas do discurso*, Sírio Possenti
33. *Linguagem & diálogo*, Carlos Alberto Faraco
34. *Nomenclatura Gramatical Brasileira*, Claudio Cezar Henriques
35. *Língua na mídia*, Sírio Possenti
36. *Malcomportadas línguas*, Sírio Possenti
37. *Linguagem. Gênero. Sexualidade*, Ana Cristina Ostermann & Beatriz Fontana [orgs.]
38. *Em busca de Ferdinand de Saussure*, Michel Arrivé
39. *A noção de "fórmula" em análise do discurso*, Alice Krieg-Planque
40. *Geolinguística*, Suzana Alice Marcelino Cardoso
41. *Doze conceitos em análise do discurso*, Dominique Maingueneau
42. *O discurso pornográfico*, Dominique Maingueneau
43. *Falando ao pé da letra*, Roxane Rojo
44. *Nova pragmática*, Kanavillil Rajagopalan
45. *Bakhtin desmascarado*, Jean-Paul Bronckart & Cristian Bota
46. *Gênero textual, agência e tecnologia*, Carolyn R. Miller
47. *Linguística de texto: o que é e como se faz?*, Luiz Antônio Marcuschi
48. *A gramática passada a limpo*, Maria Helena de Moura Neves
49. *O sujeito em peças de teatro (1833-1992)*, Maria Eugênia Lammoglia Duarte [org.]
50. *Português no século XXI*, Luiz Paulo da Moita Lopes [org.]
51. *Da linguística formal à linguística social*, Roberto Gomes Camacho
52. *Estudos do discurso*, Luciano Amaral Oliveira [org.]
53. *Gênero*, Anis B. Bawarshi & Mary Jo Reiff
54. *Introdução à teoria enunciativa de Benveniste*, Valdir do Nascimento Flores
55. *Linguística aplicada na modernidade recente*, Luiz Paulo da Moita Lopes [org.]
56. Gramáticas contemporâneas do português, Maria Helena de Moura Neves & Vânia Cristina Casseb-Galvão
57. *Letramentos sociais, na etnografia e na educação*, Brian V. Street
58. *A ordem das palavras no português*, Erotilde Goreti Pezatti
59. *Frases sem texto*, Dominique Maingueneau
60. *Espanhol e português brasileiro*, Adrián Pablo Fanjul & Neide Maia González [orgs.]
61. *Sujeitos em ambientes virtuais*, Maria Cecilia Mollica, Cynthia Patusco & Hadinei Ribeiro Batista [orgs.]
62. *Vološinov e a filosofia da linguagem*, Patrick Sériot
63. *A história das línguas*, Tore Janson
64. *Discurso e análise do discurso*, Dominique Maingueneau
65. *Sobre a fala dialogal*, Lev Jakubinskij
66. *Retórica da ação letrada*, Charles Bazerman
67. *Teoria da ação letrada*, Charles Bazerman
68. *Unidade e variação na língua portuguesa*, André C. Valente
69. *Linguística funcional*, Maria Angélica Furtado da Cunha, Mariangela R. de Oliveira & Mário Eduardo Martelotta [orgs.]
70. *O texto e seus conceitos*, Ronaldo de Oliveira Batista [org.]
71. *Gramáticas brasileiras*, Carlos Alberto Faraco & Francisco Eduardo Vieira [orgs.]
72. *Saussure, o texto e o discurso*, Marcio Alexandre Cruz, Carlos Piovezani & Pierre-Yves Testenoire [orgs.]
73. *O efeito Saussure*, Carlos Alberto Faraco [org.]
74. *Dinâmicas funcionais da mudança linguística*, Marcos Bagno, Vânia Casseb-Galvão & Tânia F. Rezende [orgs.]
75. *Gêneros no contexto brasileiro*, Benedito Gomes Bezerra
76. *A pessoa no discurso*, Adrián Pablo Fanjul
77. *O todo da língua*, Vânia Casseb-Galvão & Maria Helena de Moura Neves [orgs.]
78. *Saussure e Benveniste no Brasil*, Valdir do Nascimento Flores
79. *Mikhail Bakhtin*, Alastair Renfrew

Esta obra foi composta em Source Serif 11/15 e Source Sans 10/13,5
e impressa em papel Lux Cream 70g
para a **Parábola Editorial** em fevereiro de 2018.

Impressão e acabamento:
Gráfica Paym